Daniel Bernsen

Klassenspiele:
Für Wortschatz-Twister und Vokabel-Champions

Klett | Kallmeyer

Bibliografische Information der Deutschen Nationalbibliothek
Die Deutsche Nationalbibliothek verzeichnet diese Publikation in der Deutschen Nationalbibliografie; detaillierte bibliografische Daten sind im Internet über http://dnb.d-nb.de abrufbar.

Impressum

Daniel Bernsen
Klassenspiele: Für Wortschatz-Twister und Vokabel-Champions

1. Auflage 2024

Redaktion: Dirk Haupt, Berlin
Realisation: Dirk Jäger
Coverbild: © margakis/stock.adobe.com
Druck: Beltz Grafische Betriebe, Bad Langensalza
Printed in Germany

ISBN: 978-3-7727-1796-3

Daniel Bernsen

Klassenspiele: Für Wortschatz-Twister und Vokabel-Champions

Klett | Kallmeyer

Inhalt

Schwerpunkt Sprechen

Schwerpunkt Schreiben

Schwerpunkt Lesen

Schwerpunkt Hören

Einleitung

Vokabeln zu lernen und das Üben generell gehört für Schüler:innen – wie auch für Lehrer:innen – eher zu den Herausforderungen des schulischen Fremdsprachenunterrichts – gerade, wenn der Wortschatz regelmäßig und nachhaltig erweitert werden soll.

Das eigenständige Vokabellernen findet oft außerhalb des Unterrichts statt, führt nicht selten zu Stress in den Familien und verstärkt die Ungleichheit häuslicher Voraussetzungen der Kinder. Es gibt Schulen, die Hausaufgaben abgeschafft haben, womit sich dann allerdings die Frage stellt, wie nun die Vokabeln so gelernt werden können, dass sie dauerhaft im Gedächtnis bleiben.

Mündliches Abfragen, Zudecken einer Seite im Vokabelheft, Lernen mit Karteikarten oder in ihrer digitalen Form als Flashcards sind die wohl am weitest verbreiteten Formen des Vokabellernens. Im Unterricht changiert das Überprüfen des Vokabellernens zwischen Spielen wie „Vokabelkönig", dem mehr oder weniger bewussten Aufbauen von Druck durch Vokabeltests und der netten Verpackung in Form von digitalen Quizformaten.

Was gibt es in diesem Buch?

Dieses Buch möchte Anregungen geben, wie sich im schulischen Fremdsprachenunterricht auf spielerische Art und Weise neue Wörter lernen und einprägen lassen. Die vorgestellten Methoden bieten spielerische Zugänge. Das Spiel ist dabei nicht nur nette Verpackung, sondern dessen Kern sind die Anwendung und Wiederholung der Wörter. Es geht also um das Spielen mit Wörtern und um das Lernen mit Spielen.

Spiele ermöglichen eine gezielte und konzentrierte Übung und Wiederholung von spezifischen Aspekten der Zielsprache. Es geht darum, bestimmte Fähigkeiten oder Aspekte der Sprache zu verbessern. In den Spielen konzentrieren sich die Lernenden vollständig auf das Wortschatzlernen, das ein regelmäßiges Üben und Wiederholen einschließt. In den meisten Spielen gibt es durch das Material oder die Mitspieler:innen ein direktes Feedback und die Möglichkeit, Fehler zu erkennen und zu beheben. Aufgrund des spielerischen Kontexts besteht eine hohe Motivation zur Fehlervermeidung und -korrektur.

Die spielerischen Methoden in diesem Buch sind in alphabetischer Reihenfolge angeordnet. Grundlegend orientieren sie sich an den vier Kompetenzbereichen des Europäischen Referenzrahmens: Hörverstehen, Leseverstehen, Sprechen und Schreiben.

Alle Methoden sind zudem einer Kategorie zugeordnet, die das zentrale Spielprinzip benennt. Das sind in diesem Buch:

- Sich bewegen,
- Gestalten und bauen,
- Erkennen und reagieren,
- Sätze bilden,
- Geschicklichkeit,
- Rätsel / Quiz,
- Taktik- / Strategie-Spiel,
- Spiel mit hohem Glücks- / Zufallsanteil.

Zusätzlich werden die Gruppengröße und Sozialform sowie die benötigten Materialien aufgelistet. Die angegebene Spieldauer bezieht sich auf die Summe von Zeit für die Erklärung und die Durchführung des Spiels. Sie kann je nach Lerngruppe mehr oder weniger stark variieren. In der Zusammenschau ist mit diesen Angaben ein schneller Überblick gewährleistet, welches Angebot sich für welche Lerngruppe und Lernsituation eignet.

Gemeinsam haben die meisten Methoden in diesem Buch, dass sie durch das Spiel eine hohe kognitive Aktivierung bei allen Schüler:innen fördern und damit ein wesentliches Merkmal guten Unterrichts und nachhaltigen Lernens erfüllen.

Im Gegensatz zum einfachen Auswendiglernen fördern Spiele nebenher weitere nicht-sprachliche Kompetenzen wie Reaktionsvermögen, Geschicklichkeit usw.

Die Zufallselemente im Spiel bieten Abwechslung und stellen sicher, dass nicht immer dieselben Schüler:innen gewinnen, weil es neben dem Können auch eine notwendige Portion Glück braucht. Dies fördert die Bereitschaft, sich einzubringen, und senkt die Frustration, wie viele sie in Spielen erleben, in denen immer gewinnt, wer etwas am besten kann oder am meisten weiß. Darüber hinaus fördern Spiele die Interaktion und die Kommunikationsfähigkeit in einem situativen Kontext. Trotzdem wurden auch einzelne Solo-Spiele, also Spiele, die von einer Person allein gespielt werden können, in das Buch aufgenommen. Diese können zur Binnendifferenzierung und individuellen Förderung im Unterricht eingesetzt werden.

Am Ende des Buchs findet sich zudem eine Übersicht, in der für alle Spiele in einer Skala von * (leicht, einfach) bis *** (aufwendig, schwierig) sowohl der Aufwand für die Vorbereitung des Materials und die Regelerklärung als auch die Komplexität und Herausforderung im Spiel für die Lernenden dargestellt sind. Die Übersicht bietet einen anderen Zugang als das Inhaltsverzeichnis und lohnt gerade dann den Blick, wenn die Klasse und / oder die Lehrkraft wenig spielerfahren sind. In diesem Fall ist es empfehlenswert, mit den Spielen zu beginnen, die in beiden Bereichen mit nur 1* gekennzeichnet sind.

Mehr als Vokabeln lernen: Grammatik üben und Sachfächer sprachsensibel unterrichten

Über die engere Wortschatzarbeit hinaus lassen sich viele der hier vorgestellten Spielideen anpassen für das Einüben von Konjugationsformen, Wiederholung von Grammatikthemen oder die Förderung zusammenhängenden Sprechens oder Schreibens. So können z. B. anstelle der Wortarten und Themen für die Grammatikarbeit die erste bis dritte Person Singular / Plural und / oder die unterschiedlichen Zeiten treten.

Blickt man auf die Spracharbeit in den musischen, gesellschafts- und naturwissenschaftlichen Fächern, so besteht eine der Aufgaben des schulischen Unterrichts darin, die Schüler:innen ausgehend von der weitgehenden Verwendung der Alltagssprache über die Bildungssprache hin zur richtigen Verwendung der Fachsprache zu bilden. Die vorliegenden Spielideen können im Sinne eines sprachsensiblen Fachunterrichts auch in anderen Fächern sowie im deutschsprachigen Fachunterricht (DFU) an Deutschen Auslandsschulen genutzt werden, um zentrale Fachbegriffe zu wiederholen, einzuüben und zu vernetzen.

Praxistipps für die Einführung neuer Wörter im Unterricht

Sofern nicht mit einem Schulbuch gearbeitet wird, das den Wortschatz strukturiert und eine Progression vorgibt, ist es bei Wörtern wichtig, die für die Schüler:innen neu sind und im Unterricht vorkommen, eine Auswahl zu treffen. Leitende Frage dabei: Ist das Wort relevant für die mündliche und schriftliche Kommunikation und sollte es daher in den aktiven Wortschatz übernommen werden?

In der Literatur wird eine breite Spanne bei der Anzahl möglicher neu eingeführter Wörter pro Unterrichtsstunde genannt. Die Werte bewegen sich zwischen 6 und 20 neuen Wörtern. Der obere Wert scheint sehr hoch gegriffen. Zentral ist, dass der Umfang der neuen Vokabeln angemessen ist für das Alter und die Lernerfahrung der Schüler:innen – also zur Lerngruppe und Lernsituation passt. Kriterien für die Auswahl bieten die Fragen, ob das neue Wort auch in anderen Zusammenhängen eingesetzt werden kann, ob es besondere Schwierigkeiten aufwirft, wie häufig es vorkommt und wie nützlich es für die Lernenden ist.

Das gesamte Lernsetting in der Schule sollte es ermöglichen, Begriffe wie Sprachstrukturen in einen größeren Kontext einzubetten und deren Bedeutung möglichst anschaulich über Sätze, Geschichten, Bilder, Realien usw. zu klären und zu vernetzen. Dabei sollte auf die doppelte Schrittfolge geachtet werden: zum einen vom Hören (Klang) über das Sprechen zum Lesen (Schriftbild), Anwenden und schließlich zum Schreiben (Sicherung), zum anderen in semantischer Einbettung ausgehend vom Wort über den Satz zum Text.

Daran anschließend lassen sich vier bis fünf Stufen des Wortschatzerwerbs definieren, die von einer ersten Begegnung mit dem neuen Wort bis hin zur Festigung führen. Die hier im Buch vorgestellten spielerischen Methoden eignen sich vor allem für die Stufen drei und vier:

1. Entdecken – begegnen
2. Bedeutungen klären und festhalten / sichern
3. Anwenden
4. Einüben und behalten
5. ggf. Reflektieren und linguistische Beziehungen herstellen

Hilfreich sind für die Einführung neuer Wörter bestimmte Orte und Rituale, die idealerweise in der Fachschaft der Schule vereinbart werden – und ggf. sogar sprachenübergreifend genutzt werden. Dies hilft den Schüler:innen bei der Orientierung und entlastet sie durch Routinen kognitiv, was wiederum eine Konzentration auf neue Inhalte erlaubt.

Eine mögliche Routine und Vereinbarung ist z. B.: Neue Wörter werden immer auf die rechte Tafelseite geschrieben. Bei der Einführung von Nomen wird der bestimmte Artikel dazu geschrieben. Der Artikel erhält je nach Geschlecht eine festgelegte Farbe.

Wer spielt mit wem und wer fängt an?

Abschließend folgen ein paar methodische Tipps für die bei fast allen Spielen notwendige Bildung von Kleingruppen in der Klasse sowie die zufällige Auswahl eines Startspielers / einer Startspielerin.

Hinweise zur Kleingruppenbildung:

- Abzählen: alle mit der gleichen Zahl bilden eine Gruppe
- Skat-Set mit 32 Karten: Überzählige Karten werden aussortiert. Schüler:innen mit demselben Wert (7, 8, Bube, König) oder demselben Symbol (Karo, Kreuz etc.) bilden eine Gruppe. Besonders geeignet ist für die Bildung von 4er-Gruppen als Expertenpuzzle: erst setzen sich die Schüler:innen mit derselben Farbe (zwei rote 8er, zwei schwarze Damen usw.) zusammen, danach dann in der 4er-Gruppe alle 8er, alle Damen usw.
- Zuordnung von Farbe und Symbolen, gleichfalls sinnvoll für das Bilden von Expertengruppen: Jede:r Schüler:in bekommt eine Karte mit einem Symbol in einer Farbe. Es gibt z. B. Dreiecke, Kreise, Quadrate jeweils einmal in blau, grün, rot usw. Die Gruppenein-

teilung erfolgt dann anhand der Farben oder Symbole auf den Karten bzw. erst alle roten, dann alle mit dem gleichen Symbol oder umgekehrt.

- Zerschneiden von so viel Bildern wie Gruppen in der Klasse gebildet werden, in so viele Teile wie die Gruppen Mitglieder haben sollen. Zufälliges Ziehen der Bildschnipsel: Bildung der Gruppen durch Zusammenfügen der passenden Bildpuzzle-Teile.
- Farb- / Tier- / Wortarten-Gruppen: Die Schüler:innen ziehen zufällig Zettel mit einer Farbe / einem Tier / einer Wortart oder etwas anderem und finden dann passende Gruppen z. B. alle mit einem roten Zettel, alle mit Wirbeltieren, alle mit Verben etc.
- Online-Zufallsgenerator zur Gruppenbildung wie z. B. *https://learningapps.org/75643*
- Verschiedene Wörter oder Einzelbilder aus Comic-Strips auf Zetteln, die an die Schüler:innen verteilt werden. Die Schüler:innen gehen umher und suchen je nach gewünschter Gruppengröße zwei, drei oder vier andere Schüler:innen, um mit ihren Wörtern Sätze oder Geschichten zu bilden.
- Im Klassenzimmer werden Bilder oder Symbole aufgehängt, die verschiedene Konzepte oder Themen repräsentieren. Die Schüler:innen bewegen sich zu dem Bild, das sie am meisten anspricht oder mit dem sie sich identifizieren. Diejenigen, die sich für dasselbe Bild entscheiden, bilden eine Gruppe. Dabei kann je nach Gruppengröße festgelegt werden, dass sich pro Bild maximal drei, vier oder fünf Personen treffen dürfen.

Anschaulich beschrieben finden sich Tipps zur Gruppenbildung in folgendem Video: https://www.youtube.com/watch?v=-Mov4Famzvc (Zugriff: 26.03.2024).

Zufällige Auswahl eines Startspielers / einer Startspielerin:

- Alle werfen einen Würfel. Wer die höchste Zahl würfelt, ist Startspieler:in.
- Lose ziehen: Alle Namen werden auf kleine Zettel geschrieben und einer wird zufällig gezogen.
- Alle Spielfiguren mit beiden Händen umschließen: Die Figuren werden geschüttelt und eine wird zufällig aus den Händen fallen gelassen. Die vorher den

Spieler:innen zugeordnete Farbe bestimmt den / die Startspieler:in.

- Startspieler:in wird jüngste:r / älteste:r, kleinste:r / größte Spieler:in; Spielerreihenfolge orientiert sich an Anfangsbuchstaben des Vor- oder Nachnamens
- bei Zweiergruppen: Schnick-Schnack-Schnuck (Schere, Stein, Papier) oder Münzwurf
- Schätzfrage: z. B. wie viele Spielsteine befinden sich in einem Beutel, wie viele Kreidestücke in einer Box oder Ähnliches – wer am nächsten an der richtigen Zahl dran ist, wird Startspieler:in.
- Stiftdrehen: Alle Spieler:innen der Kleingruppen sitzen im Kreis um einen Tisch. In der Mitte wird ein Stift gedreht. Auf wen die Stiftspitze zeigt, wird Startspieler:in.
- Falls sich eine Gruppe nicht einigen kann, hilft eine Geschwindigkeitsfrage: Die Lehrkraft stellt der Gruppe eine Frage, wer sie zuerst beantwortet, ist Startspieler:in.

Die Spielideen in diesem Buch wurden intensiv getestet; ein Dankeschön geht an alle Tester:innen, an die Lehrerkolleg:innen mit ihren Schulklassen für ihre Zeit und die konstruktiven Rückmeldungen.

Ein besonders großes Dankeschön geht an: die DaF- und DFU-Fachleitungen der Deutschen Schulen in Ecuador, Kolumbien und Venezuela, die Englisch-, DaF- und DFU-Lehrer:innen der Deutschen Schulen Barranquilla, Cali, Medellín und Mexiko-Stadt West (La Herradura), den Familien und Besucher:innen am Tag des Spiels 2019 in Göttingen, beim Spiele-Fest 2020 in Nürnberg und auf der SPIEL 2023 in Essen sowie an Anne Bernsen, Andreas Krieg, Conrad Hamel, Tatjana Hanke, Lukas, Michelle Scherf, René Weinert, Alexander Falk, Norman & Nina, Hilko Drude, Axel Hennig, Marcel, Tobias Eisenmenger, Moritz Mehlem, Bernd Bocklage, Andreas Sauerbrey, Nicolas Straccia, Sebastian Pfaller, Daniel Bartschat, Daniel Behnke, Richard & Martina Lenherr, Sebastian Schwägele, Katja Wörz, Johannes Krämer, Julian Krüger, Sven, Jannis, Patrick & Felix …

… und ab jetzt gilt dann völlig ohne Ironie: Viel Spaß beim Vokabellernen! 😊

Daniel Bernsen

Becher-Wurf-Duell

Kompetenzbereich – Schwerpunkt:
Sprechen

Spielkategorie:
Sich bewegen / Geschicklichkeit

Spieldauer:
ca. 15 Minuten

Sozialform:
in Kleingruppen von 5 – 8 Schüler:innen, kompetitiv

Material:
pro Gruppe 1 Plastikbecher,
1 Tischtennisball

Beschreibung*

Jede Gruppe erhält einen Plastikbecher und einen Tischtennisball. Der Becher wird in ca. zwei bis drei Metern Entfernung von der Gruppe platziert und in dieser Entfernung ein Abwurfpunkt auf dem Boden markiert, z. B. mit einem Buch, Mäppchen oder Radiergummi.

Alle Gruppen erhalten ein Oberthema für den Start (z. B. Sport, Tiere oder Verkehrsmittel). Es dürfen jeweils nur Vokabeln genannt werden, die zum jeweiligen Oberthema passen. Wörter dürfen nur höchstens einmal verwendet werden.

Die Gruppen bestimmen zufällig, wer anfängt. Diese:r Schüler:in erhält den Tischtennisball. Die anderen stellen sich in einer Reihe dahinter auf.

Wer am Zug ist, wirft den Tischtennisball: Wer den Tischtennisball in den Becher wirft, sodass dieser im Becher liegen bleibt, braucht kein Wort zu nennen, sondern nennt ein anderes Thema und stellt sich wieder hinten in die Reihe.

Trifft man nicht, muss man ein Wort zum aktuellen Thema nennen.

Die genannten Worte dürfen sich nicht wiederholen. Wiederholt jemand ein bereits genanntes Wort oder kann kein weiteres mehr nennen, scheidet diese:r Schüler:in aus.

Wer am Ende noch als letztes im Spiel ist, ist Gewinner:in, oder alle, die nach zehn Minuten noch im Spiel sind, gewinnen das Spiel.

Hinweise

Es kann hilfreich sein, den Schüler:innen, die aus dem Spiel ausscheiden, Aufgaben und Rollen zuzuweisen. Sie können z. B. die genannten Wörter aufschreiben und so kontrollieren, dass es keine Dopplungen gibt oder die Rolle als Zeitwächter:in einnehmen, wenn auf maximal zehn Minuten gespielt wird.

Größe des Bechers und Abstand zum Becher bestimmen den Schwierigkeitsgrad des Wurfs. Das Treffen sollte nicht zu einfach sein, da es das Ziel des Spiels ist, dass möglichst viele Vokabeln genannt und wiederholt werden. Alternativ können auch drei bis vier Becher verschiedener Farben aufgestellt werden. Die Farbe des Bechers bestimmt dann das nächste Thema bei einem Treffer. Die Themen werden mit den entsprechenden Farben vorab an die Tafel geschrieben.

Als Spielmaterial kann auch das Spiel „Crazy Coconuts“ (Pegasus) genutzt werden: Hier versucht man mit Plastikäffchen kleine, gummiüberzogene „Kokosnüsse“ in Becher zu werfen. Das Spielmaterial reicht für vier Gruppen.

Erhöhung des Schwierigkeitsgrads

- Die Themen werden vorab festgelegt und an die Tafel geschrieben. Es darf nur zwischen den vorgegebenen Themen gewechselt werden.
- Es muss erst ein Wort genannt und dann mit diesem Wort ein Satz gebildet werden.
- Zusätzlich wird ein Timer genutzt: Wer den Ball neben den Becher geworfen hat, hat dann z. B. nur fünf oder zehn Sekunden Zeit, um ein Wort zu nennen.

* Ein großes Dankeschön an Daniela de Rivero von der Deutschen Schule Medellín für die Idee.

Bild-Detektive

Kompetenzbereich – Schwerpunkt:
Sprechen

Spielkategorie:
Sätze bilden

Spieldauer:
ca. 10 Minuten

Sozialform:
Partner:innenarbeit, kooperativ

Material:
1 Bild in zwei unterschiedlichen Versionen pro Schüler:innenpaar

Beschreibung

In der Vorbereitung wird ein thematisch passendes Bild mithilfe eines Bildbearbeitungsprogramms so bearbeitet, dass zwei Versionen entstehen, die sich dadurch unterscheiden, dass in beiden jeweils unterschiedliche Elemente wegretuschiert wurden (Auswahl der Farbe mit der Pipette und dann Übermalen des Gegenstands mit dem Farbton der Umgebung).

Je nach Alter und Sprachniveau kann das Spiel mehr oder weniger stark vorstrukturiert werden. Ziel ist es, durch mündliche Beschreibung, ohne dass die Mitspieler:innen gegenseitig ihre Bilder sehen, alle Veränderungen herauszufinden. Hilfreich ist es, die Anzahl der Veränderungen bekanntzugeben. Damit wissen die Schüler:innen, wann sie erfolgreich waren, weil sie alles gefunden haben, und wann das Spiel endet.

Dies kann ganz frei erfolgen, in dem die Schüler:innen einfach gegenseitig ihre Bilder beschreiben und Fragen stellen.

Es können aber auch Strukturierungs- und Hilfestellungen gegeben werden, z. B.:

- Festlegung A: Schüler:in A stellt Fragen, Schüler:in B antwortet. Wenn alle Veränderungen im Bild von Schüler:in B gefunden wurden, tauschen die beiden die Rollen.
- Festlegung B: Schüler:in A beschreibt das eigene Bild möglichst genau, Schüler:in B hört zu und benennt die Unterschiede.

Im Sinne der Binnendifferenzierung kann je nach Spielvariante eine Liste mit Fragewörtern, Ortspräpositionen und / oder ganzen Satzgeländern für die Fragen oder die Bildbeschreibung unterstützend angeboten werden.

Hinweise

Statt etwas wegzuretuschieren, können auch Elemente hinzugefügt werden, z. B. Bälle oder Mäuse. Dann muss der Platz des Balls bzw. der Maus im Bild genau beschrieben und von dem / der Mitspieler:in aufgrund der Beschreibung im eigenen Bild eingezeichnet werden.

- Dieselben Bilder können auch für Bild-Diktate genutzt werden: Ein:e Schüler:in beschreibt möglichst strukturiert und genau das Bild. Ein:e oder mehrere Schüler:innen zeichnen das Bild aufgrund der Beschreibung. Am Ende werden die Versionen, das Original und die Zeichnungen der Schüler:innen, miteinander verglichen.
- In Fächern wie Geschichte oder Biologie können auch Verfassungsschemata, Grafiken oder Modelle für dieses Spiel genutzt werden.

Erhöhung des Schwierigkeitsgrads

- Das Spiel wird schwieriger, wenn die Schüler:innen nicht wissen, wie viele Elemente verändert wurden. Dann müssen sie das gesamte Bild mit allen Elementen vollständig prüfen.
- Statt sich frontal gegenüber zu sitzen, können die Schüler:innen auch Rücken an Rücken sitzen. Das macht das Verstehen des Gesagten und die Kommunikation schwieriger aufgrund der Akustik und – wie beim herausfordernden Telefonieren in der Fremdsprache – der fehlenden non-verbalen Kommunikation.

Bildersuche

Kompetenzbereich – Schwerpunkt:
Sprechen

Spielkategorie:
Erkennen und Reagieren

Spieldauer:
ca. 10 Minuten

Sozialform:
in Kleingruppen, jeder gegen jeden, kompetitiv

Material:
pro Schüler:innengruppe 1 Wimmelbild

Beschreibung

Jede Kleingruppe erhält ein Wimmelbild, das thematisch zum aktuellen Wortschatz passt. Ein:e Startschüler:in wird zufällig bestimmt und stellt eine erste Frage, wo sich eine Person oder Sache aus den Vokabeln findet (z. B. „Wo ist das rote Auto?"). Wer das Auto zuerst sieht, legt seinen Finger auf die Person oder den Gegenstand, erhält einen Punkt und stellt die nächste Frage.

Wenn das Wimmelbild laminiert ist, kann der Fund auch mit einem abwischbaren Stift umkreist werden.

Das Spiel endet nach einer vorher festgelegten Zeit oder einer bestimmten, vorab festgelegten Punktzahl, z. B. wer zuerst fünf oder zehn Punkte hat. Wer die meisten Punkte hat, gewinnt das Spiel.

Hinweise

Kooperative Variante: Die Schüler:innen bekommen eine Anzahl von Vokabeln genannt, die sie im Bild in einer vorgegebenen Zeit wiederfinden sollen. Sie suchen und notieren gemeinsam die Wörter. Wenn sie alle Wörter finden, bevor die Zeit abgelaufen ist, gewinnen sie das Spiel.

Um mehr Bewegung ins Spiel – sowohl in der kooperativen wie in der kompetitiven Variante – zu bringen, können sich die Gruppen auf die eine Seite des Klassenraums setzen. Das Bild wird auf die andere Seite gehängt. Nachdem die Frage gestellt wurde, müssen die Ratenden zum Bild laufen. Sie suchen dort den Gegenstand oder zählen, wie oft der Gegenstand abgebildet ist, laufen zurück zu dem / der Fragesteller:in und melden ihm / ihr die Zahl oder beschreiben den Ort im Bild. Dafür hat der / die Fragesteller:in eine Kopie des Bilds, mit der er / sie seine / ihre Frage formuliert und die Lösung kontrolliert, die aber von den Ratenden nicht eingesehen werden kann.

Wimmelbilder können auch für das Spiel → Bild-Detektive genutzt werden (siehe oben). Dafür kann das Bild dann mit einer entsprechenden Bildbearbeitungssoftware vorab verändert werden.

Erhöhung des Schwierigkeitsgrads

Variante: Die Gegenstände sind jeweils in unterschiedlicher Anzahl mehrfach im Bild. Es wird nun nach der Anzahl der Gegenstände gefragt (z. B. Wie viele Fische sind im Meer?). Wer zuerst die richtige Antwort in der Fremdsprache gibt, erhält den Punkt und stellt die nächste Frage.

Gleichfalls möglich sind Wimmelbilder mit wenigen gleichen Gegenständen in unterschiedlichen Farben, um die Farbadjektive zu nutzen.

Die Schwierigkeit lässt sich weiter erhöhen, indem die Fragen schriftlich formuliert werden: Zwei Teams mit maximal zwei bis drei Schüler:innen treten gegeneinander an. Beide Teams erhalten dasselbe Bild und bereiten dazu eine festgelegte Anzahl von z. B. fünf Fragen vor. Die Fragen werden ausgetauscht und auf ein vereinbartes Signal suchen beide Teams gleichzeitig die Antworten auf die Fragen im Bild. Wer zuerst alle Fragen schriftlich richtig beantwortet hat, gewinnt. Alternative Wertung: Wer im Rahmen einer vorgegebenen Zeit die meisten Fragen – inhaltlich und sprachlich – richtig beantwortet hat, gewinnt. In fortgeschrittenen Gruppen kann das Spiel auch eins gegen eins gespielt werden.

Errate – Legespiel der Wörter

Kompetenzbereich – Schwerpunkt:
Sprechen

Spielkategorie:
Gestalten und Bauen

Spieldauer:
ca. 10 Minuten

Sozialform:
in Kleingruppen kooperativ

Material:
pro Gruppe 1 Farbkopie mit 14 Teilen des Ostomachions (s. Download-Material)

Beschreibung

Basis des Spiels ist das „Ostomachion", auch bekannt als „Loculus Archimedius". Die Schüler:innen teilen sich in 4–5er-Gruppen auf. Jede Gruppe erhält eine Kopie mit den 14 Teilen und schneidet diese aus. Ein Thema wird vorgebeben, wie z.B. Obst und Gemüse, Fahrzeuge oder Ähnliches.

Ein:e Startspieler:in wird zufällig bestimmt, wählt ein Wort aus und versucht, dieses mit beliebig vielen Teilen zu legen. Der Rest der Gruppe hat genau einen Rateversuch, darf sich dabei absprechen und dann gemeinsam festlegen, welches Wort sie nennen.

Rät die Gruppe erfolgreich, erhält sie einen Punkt. Wenn nicht, erhält das Ostomachion einen Punkt. Danach wechselt die Person, die die Teile auslegt. Alle sollten einmal drankommen.

Es wird eine ungerade Anzahl von Wörtern gespielt, z.B. fünf oder sieben. Die Gruppe gewinnt, wenn sie mindestens mehr als die Hälfte der Begriffe richtig geraten hat (bei fünf Wörtern also mindestens drei).

Hinweise

- Je nach Gruppe kann es sinnvoll sein, dass derjenige / diejenige, der / die die Teile auslegt, vorab verdeckt den selbst gewählten Begriff auf einen Zettel schreibt. So kann niemand bei Schwierigkeiten während des Legens oder Ratens einfach den Begriff wechseln.
- Es sollten möglichst konkrete Begriffe sein, damit sie einfach dargestellt werden können.
- Ganz abstrakte Begriffe wie Friede, Freiheit oder Liebe können nur über Symbole und Allegorien dargestellt werden und verlangen eine Kenntnis der üblichen Darstellungskonventionen (Taube, Herz usw.) durch die Spielenden.

Erhöhung des Schwierigkeitsgrads

- Die 14 Teile können auch gemischt und in einem Stapel bereitgelegt werden. Nun müssen die Teile in der Reihenfolge verwendet werden, wie sie auf dem Stapel liegen. Dies schränkt die Gestaltungsfreiheit ein und macht die Darstellung deutlich schwieriger.
- Je umfangreicher die Wortliste, desto schwieriger. Am schwierigsten ist das Spiel ohne Liste, wenn die zu ratenden Wörter frei ausgedacht werden.
- Auch der Abstraktions- und Präzisionsgrad der Begriffe bestimmt die Schwierigkeit des Spiels: Mann oder Frau ist einfacher zu legen als z. B. speziell Feuerwehrmann / -frau; Blume einfacher als Gänseblümchen.

Geheimnisverrat

Kompetenzbereich – Schwerpunkt:
Sprechen

Spielkategorie:
Sich bewegen

Spieldauer:
ca. 10 Minuten

Sozialform:
gesamte Klasse, jeder gegen jeden, kompetitiv

Material:
–

Beschreibung

Alle Schüler:innen denken an ein bestimmtes Wort. Das ist ihre geheime Vokabel.

Das Spiel startet mit einer vorher festgelegten Zeit, z. B. fünf Minuten. Die Schüler:innen bewegen sich frei im Raum und suchen sich immer wieder neue Partner:innen. Diese dürfen sich gegenseitig jeweils bis zu drei Wörter nennen, um die geheime Vokabel ihres Gegenübers zu erraten. Haben sie richtig geraten, bekommen sie einen Punkt und der andere wählt sich geheim eine neue Vokabel aus. Danach suchen beide sich eine:n neue:n Partner:in.

Wer am Ende der Spielzeit die meisten Punkte hat, gewinnt das Spiel.

Hinweise

Die Bewegung im Raum kann auch mit Musik unterstützt werden. Das Spiel dauert dann etwas länger. Die Schüler:innen bewegen sich frei. Sobald die Musik stoppt, suchen sie sich eine:n Partner:in, um gegenseitig die geheime Vokabel zu erraten.

Die geheimen Wörter können auch von der Lehrkraft vorbereitet werden. Pro Schüler:in wird ein Zettel benötigt; auf jeden Zettel wird jeweils ein anderes Wort aus der aktuellen Lektion oder dem aktuellen Thema geschrieben. Jede:r Schüler:in erhält einen Zettel zufällig zugeteilt. Die Schüler:innen raten abwechselnd. Wird das eigene Wort erraten, tauschen beide ihre Zettel. Diese Spielvariante ist weniger offen und fokussiert mehr einen bestimmten, zu lernenden Wortschatz, der im Spiel wiederholt wird – damit aber auch leichter zu erraten ist.

Erhöhung des Schwierigkeitsgrads

Statt drei Wörtern können beide Schüler:innen jeweils einen Satz sagen. Wenn die geheime Vokabel im Satz vorkommt, erhalten die Ratenden einen Punkt. Wichtig: Es muss ein grammatikalisch richtiger und insgesamt sinnvoller Satz sein. Reine Aufzählungen zählen nicht! Der Schwierigkeitsgrad wird weiter erhöht, wenn die Schüler:innen Fragen stellen müssen, deren Antwort das geheime Wort ist, ohne dieses selbst zu nennen, z. B. für „Auto“ – Ist es ein Fahrzeug, das mit vier Rädern auf einer Straße fährt?

Maze Mission

Kompetenzbereich – Schwerpunkt:
Sprechen, Hören

Spielkategorie:
Rätsel / Quiz

Spieldauer:
ca. 5 Minuten

Sozialform:
Partner:innenarbeit, kooperativ

Material:
pro Schüler:in 1 Labyrinth und 1 Stift

Beschreibung

Vorbereitend wird mit einem Online-Generator ein Labyrinth erstellt, z. B. mit *https://www.mazegenerator.net/* oder mit *https://printablecreative.com/maze-generator*. Das Labyrinth wird gespeichert und für alle Schüler:innen einmal ausgedruckt.

Die Schüler:innen gehen zu zweit zusammen. Beide Schüler:innen erhalten dasselbe Labyrinth. Jede:r zeichnet, ohne dass der / die andere es sieht, zwei Gegenstände in sein Labyrinth ein, z. B. einen Ball, einen Stern, ein Haus. Es können auch Vokabeln aus dem aktuellen Unterricht sein.

Jede:r der beiden Spieler:innen wählt einen der beiden Zugangspunkte. Ein:e der beiden Spieler:innen beginnt und beschreibt einen Weg durch das Labyrinth und zeichnet diesen Weg bei sich ein. Der / Die andere Spieler:in hört zu und zeichnet den Weg mit einem Stift in sein / ihr Labyrinth ein. Sobald ein Gegenstand auf dem Weg berührt wird, wechseln die Rollen. Es ist wichtig, beide Wege mit unterschiedlichen Farben (z. B. rot / blau) oder unterschiedlichen Symbolen (z. B. Punkte vs. durchgehende Linie) zu kennzeichnen. Die Spieler:innen gewinnen, wenn sie auf diese Weise alle vier eingezeichneten Gegenstände gefunden haben.

Hinweise

- Bei der Erstellung des Labyrinths können sehr einfach verschiedene Schwierigkeitsgrade eingestellt werden. Hilfreich ist es auch, Start / Ende bzw. die beiden Ein- und Ausgänge markieren zu lassen.
- Da es sehr leicht ist, ein neues Labyrinth zu erstellen, können für eine Klasse auch unterschiedliche Labyrinthe erstellt werden, sodass diese nach Lösung untereinander getauscht und weitergespielt werden können. Voraussetzung ist, dass die Labyrinthe laminiert sind und die Schüler:innen mit abwaschbaren Stiften ihre Gegenstände einzeichnen und den Weg markieren.
- Bei schwierigen Labyrinthen kann es hilfreich sein, auch die Lösung zu speichern oder mit auszudrucken.
- Um zu verhindern, dass der / die Mitspieler:in die Zeichnung sieht, kann ein Sichtschirm in der Mitte des Tischs platziert werden oder die Spieler:innen setzen sich Rücken an Rücken.

Erhöhung des Schwierigkeitsgrads

- Mit einem Zeitlimit, z. B. maximal drei Minuten, wird das Spiel schwieriger. Je mehr Gegenstände die Spieler:innen gefunden haben, desto besser haben sie gespielt.
- In Kombination mit dem Zeitlimit können auch mehr Gegenstände eingezeichnet werden, z. B. 2 x 3, 2 x 4 oder 2 x 5. Anschließend kann verglichen werden, welche Teams aus der Klasse die meisten Gegenstände in der vorgegebenen Zeit gefunden haben.

Paar-Satz-Rallye

Kompetenzbereich – Schwerpunkt:
Sprechen

Spielkategorie:
Sich bewegen / Sätze bilden

Spieldauer:
ca. 5 Minuten

Sozialform:
ganze Klasse, kompetitiv

Material:
1 Klebezettel / Post-it pro Schüler:in

Beschreibung

Jede:r Schüler:in erhält einen Post-it, notiert darauf ein Wort und klebt sich den Zettel auf die Stirn.

Alle stehen auf und bewegen sich durch den Klassenraum. Jede:r sucht eine:n Partner:in. Sobald ein:e Partner:in gefunden ist, wird mit beiden Wörtern gemeinsam einen Satz gebildet.

Jene:r, der / die zuerst fünf Sätze gebildet hat, gewinnt das Spiel.

Hinweise

Um sicherzustellen, dass die Schüler:innen tatsächlich Sätze bilden, können sie ggf. ihr Handy nutzen und die Sätze aufnehmen. Wer zuerst fertig ist, spielt dann die fünf Sätze vor. Die Zweit- und Drittplatzierten spielen auch ihre Sätze vor. Mögliche Fehler können anschließend noch einmal kurz gemeinsam korrigiert werden. Je nach Sprachniveau und Ziel der Aktivität können die Zettel auch vorbereitet und mit vorgegebenen Wörtern zufällig ausgegeben werden, um gezielt den aktuellen Wortschatz zu wiederholen und einzuüben.

Die Bewegung kann mit Musik unterstützt werden. Sinnvoll sind bekannte Lieder in der zu lernenden Fremdsprache. Die Schüler:innen bewegen sich frei durch den Raum und müssen dann beim Stop der Musik eine:n Partner:in finden. Nach einer bestimmten Zeitspanne startet dann wieder die Musik. Einen Punkt erhält nur, wer in dieser Zeitspanne z. B. 15 oder 30 Sekunden mit den beiden Wörtern einen Satz gebildet hat.

Erhöhung des Schwierigkeitsgrads

- Verschiedene Farben der Zettel für verschiedene Wortarten (Nomen, Verben, Adverbien etc.) mit einer Vorgabe, dass für die Satzbildung mindestens zwei oder drei unterschiedliche Wortarten zusammenkommen müssen.
- Es werden Bedingungen für die zu bildenden Sätze formuliert, z. B. muss mindestens ein Adjektiv oder ein Nebensatz enthalten sein oder es muss eine bestimmte Zeitform benutzt werden.
- Bilden von Kettensätzen: Die Partner:innen vom ersten Satz bleiben zusammen und suchen eine:n weitere:n Partner:in oder ein Paar. Gemeinsam bilden sie dann einen neuen Satz mit ihren drei bzw. vier Wörtern. Die Gruppe bleibt zusammen und sucht weitere Partner:innen. Am Ende gewinnt die Gruppe mit den meisten Mitgliedern. Alle Gruppen stellen ihren Mega-Satz kurz vor.

Satz-Slam

Kompetenzbereich – Schwerpunkt:
Sprechen

Spielkategorie:
Sätze bilden

Spieldauer:
ca. 10 Minuten

Sozialform:
in Kleingruppen, jeder gegen jeden, kompetitiv

Material:
Vokabelkarten, Timer

Beschreibung

Vorbereitend wird pro Gruppe ein Satz von Vokabelkarten vorbereitet, mit jeweils einer Vokabel pro Karte. Es werden vier bis sechs Karten pro Gruppe benötigt – ein bis zwei mehr als Schüler:innen.

Die Klasse teilt sich in Kleingruppen von drei bis vier Schüler:innen auf. Jede Gruppe erhält ein Set Vokabelkarten. Als Timer kann die Gruppe eine Stoppuhr auf dem Handy oder Tablet nutzen. Der / Die jüngste Schüler:in wird aktive:r Spieler:in. Diese:r zieht zufällig eine Vokabelkarte, hat nun eine Minute Zeit und versucht, das Wort der Vokabelkarte so oft wie möglich in unterschiedlichen Sätzen zu verwenden. Pro Satz darf das Wort einmal verwendet werden.

Im Uhrzeigersinn folgt der / die nächste Spieler:in, zieht eine neue Vokabelkarte und bekommt eine Minute Zeit.

Wer die meisten Sätze mit seinem Wort innerhalb von einer Minute bilden konnte, gewinnt das Spiel.

Hinweise

- Alternativ kann das aktuelle Wort jeweils zu Beginn jeder Runde an die Tafel geschrieben werden.
- Je nach Lerngruppe (Alter, Lernjahr etc.) kann die Zeit verlängert oder verkürzt werden. Es ist auch möglich, über einen projizierten Timer die Zeit aller Kleingruppen zu rhythmisieren.
- Statt, dass die Schüler:innen innerhalb der Kleingruppen gegeneinander antreten, können auch die Kleingruppen der Klasse gegeneinander spielen. Die Gruppe, die am Ende gemeinsam die meisten Sätze hat, gewinnt. Hierbei ist es gut, wenn die Gruppen ihre Sätze aufschreiben und diese anschließend im Uhrzeigersinn von der nächsten Gruppe kontrolliert werden. Punkte gibt es nur für fehlerfreie Sätze. Jeder Satz zählt nur einmal, doppelte Sätze werden nicht gezählt.

Erhöhung des Schwierigkeitsgrads

- Die gesamte Klasse spielt kooperativ. Die Sätze aller Kleingruppen werden zusammengezählt. Um zu gewinnen, muss die Klasse eine bestimmte vorgegebene Anzahl erreichen. Bei einer Minute schafft man im Schnitt drei bis vier Sätze; ein mögliches Ziel wäre: 3,5 x Anzahl der Gruppe als Ziel. Bei z. B. sechs Kleingruppen würde die Klasse gewinnen, wenn sie insgesamt in einer Minute mehr als 21 unterschiedliche Sätze schafft. Wenn das zu einfach ist, kann die Zielzahl höher gesetzt werden. Gespielt werden fünf Runden. Die Klasse muss mindestens dreimal über die geforderte Zahl kommen.
- Die Kleingruppen schreiben jeweils eine Geschichte: Mit jedem neuen Wort haben sie maximal eine Minute Zeit, ihrer Geschichte einen Satz hinzuzufügen. Anschließend werden alle Geschichten vorgelesen. Es gewinnt – wie vorab festgelegt – z. B. die schönste, spannendste oder längste (mit den meisten Wörtern) Geschichte. Eventuell können auch mehrere Kategorien bewertet werden.

Slide-Surprise-Show

Kompetenzbereich – Schwerpunkt:
Sprechen

Spielkategorie:
Sätze bilden

Spieldauer:
ca. 90 Minuten

Sozialform:
Gruppenarbeit, kooperativ

Material:
digitales Gerät, Internetzugang, Präsentationssoftware, Beamer

Beschreibung

Die Schüler:innen erstellen in Kleingruppen mit einer Präsentationssoftware vier bis fünf Folien zu einem vorgegebenen Thema oder einem Teilaspekt eines vorgegebenen Oberthemas.

Die fertigen Präsentationsfolien gehen an eine andere Gruppe von Schüler:innen. Diese haben drei Minuten Vorbereitungszeit, um sich die Folien anzuschauen und dann mindestens drei Minuten dazu in der Fremdsprache zu reden. Die Folien dienen dabei als Orientierung und roter Faden.

Alle, die es schaffen, über die gesamte vorgegebene Zeit zu sprechen, in der Fremdsprache zu bleiben, ohne eine längere Pause zu machen oder abzubrechen, bekommen einen großen Applaus.

Hinweise

- Die Präsentationsfolien lassen sich auch durch KI automatisch vorab generieren z. B. von *beautiful.ai* *oder https://gamma.app/*.

- In ganz reduzierter Form ist dies auch schon im Anfangsunterricht möglich, z. B. zum Thema „Innenräume und Möbel" – jede Gruppe bekommt nur zwei bis drei Folien mit Bildern von Zimmern aus jeweils einer anders eingerichteten Wohnung.
- Einfache Varianten: Etwas einfacher ist es, dass die gezeigten Bilder nur ausführlich beschrieben werden müssen. Oder wenn zentrale Begriffe bereits als Hilfe und Rede-Anker auf den Folien stehen.

Erhöhung des Schwierigkeitsgrads

Herausfordernder wird das Spiel, wenn

- länger gesprochen werden muss;
- es keine Vorbereitungszeit zur Durchsicht der Folien gibt;
- der Vortrag spontan beim Öffnen / Erscheinen der Folien entsteht;
- alle Folien nur Bilder, aber keine Begriffe oder Sätze enthalten;
- zusätzlich noch bestimmte Wörter vorgegeben werden, die zu verwenden sind oder in höheren Klassenstufen – ähnlich wie bei Tabu – nicht verwendet dürfen.

Für etwas mehr Wettbewerbscharakter ist es möglich, als Siegbedingung festzulegen, dass gewinnt, wer am längsten in der Fremdsprache spricht.

Stafetten-Wörterlauf

Kompetenzbereich – Schwerpunkt:
Sprechen

Spielkategorie:
Taktik- / Strategiespiel

Spieldauer:
ca. 10 Minuten

Sozialform:
Kleingruppen, kooperativ

Material:
pro Gruppe 1 Spielfeld, 1 Spielfigur, Timer (z. B. Handy)

Beschreibung

Die Klasse teilt sich in Kleingruppen von drei bis vier Schüler:innen auf. Alle Gruppen erhalten ein Spielfeld und eine Spielfigur. Der Timer wird auf zwei Minuten eingestellt. Dies kann pro Gruppe individuell erfolgen oder per Projektion für die gesamte Klasse, in der dann alle Kleingruppen im selben Rhythmus spielen.

Die Spielfigur wird auf das erste Feld des Parcours gestellt. Der Timer wird auf zwei Minuten eingestellt. Mit Start des Timers bildet die Gruppe ein Wort, das mit dem Buchstaben beginnt, welches das Feld zeigt. Die Gruppe einigt sich auf ein Wort und geht entsprechend viele Schritte auf dem Spielplan vorwärts wie das Wort Buchstaben hat. Für das Wort „Baum" wären dies z. B. vier Felder vorwärts. Nun muss ein neues Wort mit dem Anfangsbuchstaben des aktuellen Felds gebildet werden.

Gelingt es dem Team, die Spielfigur vor Ablauf der Zeit ins Ziel zu bringt, ist das Spiel gewonnen.

Hinweise

- Mögliche Bonusregel: Die Kleingruppen dürfen untereinander nur in der Unterrichtssprache sprechen. Spricht jemand aus der Gruppe eine andere Sprache, wird die Figur der Gruppe zurück auf das Startfeld gestellt und sie fangen (mit weniger Zeit) wieder von vorne an.
- Das Spiel kann als Zusatzmaterial bei einer Lerntheke oder einem Stationenlernen mit denselben Regeln auch allein oder zu zweit gespielt werden.

Erhöhung des Schwierigkeitsgrads

- Durch die zur Verfügung stehende Zeit kann der Schwierigkeitsgrad varriiert werden: Das Spiel wird mit weniger als zwei Minuten sehr anspruchsvoll, weil dies das Antizipieren der Wörter auf den nächsten Feldern notwendig macht. Hat die Spielgruppe mehr Zeit, ist es etwas einfacher. Die Gruppe kann dann – positiv für den Lernprozess – mehrere mögliche Wörter abwägen und diskutieren, um z. B. ein längeres Wort zu finden oder eines, das sie auf ein folgendes Feld mit einem einfacheren Startbuchstaben bringt.
- Die Felder erhalten unterschiedliche Farben, denen jeweils ein bestimmtes Thema bzw. Wortfeld oder eine Wortart zugeordnet wird. Auf diesen Feldern dürfen dann nur Wörter mit dem entsprechenden Anfangsbuchstaben gebildet werden, die zu diesem Wortfeld oder der Wortart gehören, um die Spielfigur vorwärts zu bewegen.
- Die Schüler:innen zeichnen selbst Spielfelder und bauen zusätzliche Sonderfelder ein wie z. B. „gehe zwei Felder zurück“, „gehe zurück auf Start“ oder „ab hier müssen zwei passende Wörter gefunden werden, um vorwärts zu gehen; es zählt die Buchstabenzahl des kürzeren Worts“.
- Wörter dürfen nicht doppelt genannt werden.

Strich – Strich – weiß ich nich‘

Kompetenzbereich – Schwerpunkt:
Sprechen

Spielkategorie:
Geschicklichkeit

Spieldauer:
ca. 10 Minuten

Sozialform:
in Kleingruppen kooperativ

Material:
Vokabelkarten, Blatt / Stift oder Tablet oder Tafel

Beschreibung

Die Klasse teilt sich in Kleingruppen von fünf bis sechs Schüler:innen auf. Zufällig wird ein:e Startspieler:in bestimmt. Wer startet, wählt aus und zieht zufällig eine Vokabelkarte und zeichnet zunächst einen Strich. Alle anderen dürfen nun gemeinsam einmal raten. Die Schüler:innen dürfen sich dabei beraten und müssen sich auf einen Rateversuch pro Strich einigen. Wer zeichnet, darf nicht sprechen und auch sonst keine Hinweise geben.

Ist das Wort nicht richtig erraten, wird ein zweiter Strich gezeichnet. Maximal dürfen sieben Striche gezeichnet werden. Rät die Gruppe richtig, erhält sie einen Punkt. Rät sie das Wort nicht, erhält sie einen Minuspunkt. Danach wechselt die Person, die zeichnet. Haben alle Schüler:innen einmal gezeichnet, endet das Spiel.

Hat die Gruppe am Ende einen Punkt oder mehr, hat sie das Spiel gewonnen.

Hinweise

- Buchstaben dürfen nicht gezeichnet oder angedeutet werden.

- Statt der Vokabelkarten kann auch eine Liste mit Wörtern vorbereitet bzw. die Vokabelliste im Schulbuch genutzt werden. Wer zeichnet, wählt aus dieser Liste ein Wort aus. Kein Wort darf doppelt gewählt werden. Die Auswahl aus einer geschlossenen Liste macht das Spiel deutlich einfacher.
- Wichtig ist, dass den Spielenden klar ist, aus welchem Bereich die zu ratenden Wörter kommen, z. B. aus der aktuellen Lektion oder einem bestimmten Thema, wie z. B. Essen und Trinken, Schule oder Ähnliches.

Erhöhung des Schwierigkeitsgrads

- Konkreta, also physische, sinnliche wahrnehmbare Objekte (Haus, Hund, Baum etc.), sind einfacher als Abstrakta, wie z. B. Freiheit, Glück oder Gerechtigkeit.
- Limitierungen beim Zeichnen:
  - Es werden höchsten fünf Striche gezeichnet.
  - Es muss mit geschlossenen Augen, hinter dem Rücken, mit dem Stift im Mund oder der Hand gezeichnet werden, mit der man nicht schreibt (also Linkshänder mit rechts und umgekehrt).
  - Beim Zeichnen muss ein Gegenstand, z. B. ein Radiergummi, auf dem Handrücken balanciert werden. Fällt dieses runter, endet die Runde.
  - Es dürfen nur gerade Linien oder nur Kurven gezeichnet werden.
- Die Limitierungen können auch an die Tafel geschrieben und jeweils einer Zahl von eins bis sechs zugeordnet werden. Wer zeichnet, wirft zunächst einen Würfel und wird dann entsprechend eingeschränkt. Das bringt durch den Zufall zusätzlich Abwechslung und Spaß ins Spiel.

Vokabel-Versum

Kompetenzbereich – Schwerpunkt:
Sprechen

Spielkategorie:
Sich bewegen, Sätze bilden

Spieldauer:
ca. 10 Minuten

Sozialform:
gesamte Klasse, jede:r gegen jede:n, kompetitiv

Material:
Vokabelkarten

Beschreibung

Die Vokabelkarten werden vorbereitet. Es werden doppelt so viele Karten benötigt, wie Schüler:innen in der Klasse sind.

Jede:r Schüler:in erhält zwei Vokabelkarten, steht auf und hält beide gut sichtbar vor sich.

Die Spielzeit beträgt fünf Minuten. Die Zeit wird über einen Timer für alle sichtbar projiziert. Alle suchen eine:n Mitschüler:in, bei dem / der sie eines der Wörter in der Fremdsprache erklären können.

Das Wort auf der Vokabelkarte oder Teile davon dürfen nicht Teil der Erklärung sein.

Gelingt die Erklärung nicht, wird die Vokabelkarte abgegeben. Wer das Wort richtig erklärt hat, steckt die neue Karte hinter die eigenen Vokabelkarten.

Wer keine Karten mehr hat, spielt trotzdem weiter und kann insofern keine Karte mehr verlieren, sondern nur noch welche dazugewinnen.

Wer am Ende der Zeit die meisten Vokabelkarten hat, gewinnt das Spiel.

Hinweise

Die Schüler:innen können die Karten selbst gestalten, indem sie selbst auf zwei DIN-A5-Zettel jeweils ein Wort schreiben (zwei Vokabeln aus der aktuellen Einheit, ihre Lieblingswörter, die längsten / schwierigsten / schönsten Wörter in der Fremdsprache, die sie kennen etc.).

Für den Anfangsunterricht kann das Spiel vereinfacht werden: Die Vokabelkarten zeigen nur Bilder (Karten können z. B. aus einem Memory-Spiel übernommen werden) und es muss nur die Vokabel genannt werden, um die Karte zu erhalten.

Erhöhung des Schwierigkeitsgrads

- Jede:r Schüler:in notiert drei Wörter. Die Zeit wird verkürzt auf drei Minuten oder verlängert auf z. B. sieben oder acht Minuten.
- In sehr heterogenen Klassen kann ein zusätzliches Zufallselement ins Spiel eingebaut werden, das die Kluft zwischen sprachlich starken und weniger starken Schüler:innen etwas ausgleicht: Wenn sich zwei Schüler:innen gegenüberstehen, spielen sie zunächst eine Runde Schnick-Schnack-Schnuck (aka Schere-Stein-Papier). Wer gewinnt, darf versuchen, der / dem anderen durch die Worterklärung eine Karte abzuluchsen. Danach gehen die beiden auseinander und suchen neue Spielpartner:innen.
- Ähnlich wie beim bekannten Spiel „Tabu" werden auf die Vokabelkarte unter das zu erklärende Wort bis zu drei weitere Begriffe geschrieben, die bei der Worterklärung nicht verwendet werden dürfen.

Wortschatz-Twister

Kompetenzbereich – Schwerpunkt:
Sprechen

Spielkategorie:
Sich bewegen, Erkennen und Reagieren

Spieldauer:
ca. 15 Minuten

Sozialform:
gesamte Klasse, jede:r gegen jede:n, kompetitiv

Material:
Farbkarten (Download-Material „Wortschatz-Twister")

Beschreibung

Im Klassenraum wird ein großer Bereich freigeräumt. Gegebenenfalls kommen Tische und Stühle zur Seite oder das Spiel wird draußen oder in der Turnhalle gespielt.

Die Farbkarten werden in zufälliger Verteilung auf dem Boden im Raum ausgelegt. Auf dem Boden wird eine Startlinie mit Kreppband aufgeklebt, oder eine vorhandene Linie oder andere Markierung im Boden wird als Startlinie verwendet. Alle Schüler:innen stellen sich hinter diese Linie. Die Farbkarten liegen auf dem Boden verteilt vor dieser Linie. Wichtig ist, dass ausreichend Platz vorhanden ist und mögliche Hindernisse oder gefährliche Gegenstände vorab von der gesamten Spielfläche entfernt werden.

Jede Farbe repräsentiert eine bestimmte, vorher festgelegte Wortart: z. B. Verb, Nomen, Adjektiv, oder ein Wortfeld, z. B. Farben, Gemüse, Obst oder Kleidung. Die Zuordnung von Farbe und Wortart wird an der Tafel notiert. Die Lehrkraft sagt nun laut: „Rot" oder „Obst": Die Schüler:innen müssen nun schnell reagieren, sich auf eine richtige Farbkarte stellen und laut ein passendes Wort nennen. Pro Karte kann nur ein:e Schüler:in stehen. Wer keine passende Karte findet, ein falsches Wort nennt oder dasselbe Wort ein zweites Mal verwendet, scheidet aus.

Es werden zehn Runden gespielt. Nach jeder Runde wird von jeder Farbe eine Karte entfernt. Die ausgeschiedenen Schüler:innen unterstützen die Lehrkraft als Schiedsrichter:in, übernehmen in Kleingruppen die Verantwortung für jeweils eine Farbe oder eine:n noch aktive:n Teilnehmer:in und wachen über die Einhaltung der Regeln. Alle Schüler:innen, die nach zehn Runden übrig sind, gewinnen das Spiel.

Hinweise

Je nach Klasse und Alter kann das Verhalten der Schüler:innen sehr wild sein. Daher sollte vorher geklärt werden, dass Schubsen, Umstoßen und Rempeln nicht erlaubt sind. Wenn einzelne Schüler:innen sich nicht daran halten, scheiden diese aus bzw. wird das Spiel ggf. abgebrochen.

Erhöhung des Schwierigkeitsgrads

- Die ab der zweiten Runde ausscheidenden Schüler:innen dürfen nach dem Ausscheiden einmal die neue Farbe oder das Thema für die Runde ansagen.
- Die Zuordnungen werden nicht an die Tafel geschrieben, sondern nur vorab laut angekündigt. Die Schüler:innen müssen sich dann merken, dass die Farbe „rot“ z. B. für das Wortfeld „Obst“ steht.

Würfel-Wörter-Duell

Kompetenzbereich – Schwerpunkt:
Sprechen

Spielkategorie:
Glück

Spieldauer:
ca. 10 Minuten

Sozialform:
in Kleingruppen: 2 gegen 2, kompetitiv

Material:
pro Kleingruppe 20 Bildkarten + 1 Würfel

Beschreibung

Die Bildkarten können aus einem anderen Spiel entnommen oder mit dem Computer selbst erstellt und dann in entsprechender Anzahl kopiert werden. Die Bildkarten sollten zum Thema und den Vokabeln des Unterrichts passen, wie z. B. Urlaub, Arbeit oder Wohnen. Sie können auch mehreren, unterschiedlichen Themen entstammen.

Die Klasse wird in Kleingruppen von jeweils vier Schüler:innen unterteilt. Die Kleingruppen teilen sich in zwei Teams von jeweils zwei Schüler:innen auf, die gegeneinander spielen. Bei ungeraden Gruppengrößen kann ein Team auch aus einer oder drei Personen bestehen.

Das Start-Team wird zufällig bestimmt, erhält den Würfel und wirft diesen.

Entsprechend der gewürfelten Zahl darf das Team genauso viele Begriffe in der Fremdsprache sagen; also bei einer Drei maximal drei Karten / Begriffe. Die Begriffe werden langsam einer nach dem anderen benannt und die dazugehörigen Karten gezeigt. Sind alle Wörter richtig, bekommt das Team die entsprechenden Bildkarten. Ist ein Wort falsch, bekommt es keine Karten. Man kann auch vorher aufhören und die richtigen Karten behalten. Beispiel: Das Team würfelt eine sechs, ist sich aber nur bei zwei Begriffen sicher, nennt diese, beendet danach seinen Zug und nimmt die beiden Karten. Anschließend ist das nächste Team am Zug, erhält den Würfel und wirft diesen.

Das Spiel endet, wenn die Zahl des Würfels höher ist als die Anzahl der Karten, die noch ausliegen. Es gewinnt das Team mit den meisten Karten.

Hinweise

Die Bildkarten können von den Schüler:innen auch selbst gemalt oder gezeichnet werden. Wird der zum gemalten Bild passende Begriff in der Fremdsprache auf der Rückseite der Karte notiert, haben die Gruppen eine automatische Korrektur. Die Karten können anschließend zum Vokabellernen oder für andere Spiele genutzt werden.

Erhöhung des Schwierigkeitsgrads

Die Karten werden verdeckt ausgelegt. Das Team, das am Zug ist, deckt eine Karte auf und nennt den Begriff in der Fremdsprache. Kennt es den Begriff nicht oder ist dieser falsch, werden alle aufgedeckten Karten wieder zugedeckt. Nennt es alle Begriffe richtig oder hört vorher auf, darf es alle aufgedeckten Karten zu sich nehmen.

Zusätzlich zum Nennen des Begriffs in der Fremdsprache muss mit diesem ein Satz gebildet werden. Die Karten bekommt das Team nur, wenn der Satz fehlerfrei war. Die Kontrolle und Korrektur erfolgen jeweils durch das andere Team. In Streitfällen kann die Lehrkraft als Schiedsrichter:in zu Hilfe gerufen werden.

Buchstabier-Duell

Kompetenzbereich – Schwerpunkt:
Schreiben

Spielkategorie:
Gestalten und Bauen

Spieldauer:
ca. 15 – 20 Minuten

Sozialform:
in Kleingruppen, jeder gegen jeden, kompetitiv

Material:
pro Kleingruppe 3 Würfel, für jede:n Spieler:in: 1 Stift und 1 Blatt

Beschreibung

Die Klasse teilt sich in Kleingruppen von drei bis fünf Schüler:innen auf und erhält drei Würfel – entweder haben diese die Symbole auf die Seiten geklebt oder sie erhalten eine Übersicht mit der folgenden Zuordnung der Zahlen zu Formen:

1	2	3	4	5	6
–	/	o	c	∟	*
Gerade	Diagonale	Kreis	Halbkreis	Ecke	beliebig 1 – 5

Ein:e Startspieler:in wird zufällig bestimmt und wirft alle drei Würfel. Alle Spielenden wählen gleichzeitig maximal alle drei Würfel aus und nutzen die angezeigte Form, um Buchstaben in Druckschrift zu schreiben.

Zum Beispiel: D = Gerade + Halbkreis. G = ∟ + Halbkreis, H = drei Geraden, K = Gerade + ∟, M = zweimal V, X = zweimal ∟, B = Gerade + zweimal Halbkreis.

Es können bis zu drei Würfelergebnisse genutzt werden. Es ist aber auch möglich, nur ein oder zwei Würfel zu verwenden. Danach würfelt der / die nächste Spieler:in im Uhrzeigersinn. Alle Spieler:innen ergänzen ihr angefangenes Wort. Sie können dabei frei ansetzen und müssen nicht direkt an bisher Gezeichnetes anschließen. Wenn sie also mit dem ersten Buchstaben begonnen haben, können sie in einer späteren Runde auch Formen nutzen, um erst am letzten Buchstaben zu schreiben.

Wer zuerst das Wort beendet, bekommt pro Buchstaben einen Punkt. Dann folgt eine neue Runde. Wenn zwei oder mehr Spieler:innen gleichzeitig ein Wort beenden, bekommen sie alle die entsprechenden Punkte für ihr Wort. Wer zuerst zehn Punkte hat, gewinnt das Spiel.

Hinweise

- Um das Spiel zu vereinfachen, kann z. B. an der Tafel eine Liste von Worten vorgegeben werden, die idealerweise eine ähnliche Anzahl von Buchstaben haben. Die Wörter, die buchstabiert werden, wählen die Spieler:innen aus dieser Liste aus. Damit ist ein gezieltes Rechtschreibtraining und eine Wiederholung neuer Vokabeln gewährleistet.
- Die Formen können frei in der Größe variiert und um jeweils 90 Grad in alle Richtungen gedreht werden.
- Hilfreich kann das Schreiben auf kariertem Papier sein.
- Durch eine Vorgabe einer Liste mit längeren Wörtern dauert das Spiel länger.

Erhöhung des Schwierigkeitsgrads

- Durch Erhöhung der Anzahl der Würfel wird das Spiel komplexer.

Eine-Minute-Würfelspiel

Kompetenzbereich – Schwerpunkt:
Schreiben

Spielkategorie:
Erkennen und Reagieren

Spieldauer:
ca. 5 Minuten

Sozialform:
in Kleingruppen, jede:r gegen jede:n, kompetitiv

Material:
1 Stift und 1 Blatt pro Schüler:in, 1 Würfel und 1 Timer pro Kleingruppe

Beschreibung

Die Klasse teilt sich in 4er- oder 5er-Gruppen auf. Jede:r Schüler:in benötigt ein Blatt und einen Stift. Jede Gruppe erhält einen Würfel und einen Timer. Als Timer können die Gruppen auch ein eigenes Handy oder ein Tablet nehmen.

An der Tafel wird den Zahlen eins bis sechs jeweils ein Buchstabe zugeordnet, z. B. 1 = B, 2 = F usw. Innerhalb von einer Minute versuchen die Schüler:innen, so viele Wörter wie möglich mit dem gewürfelten Anfangsbuchstaben aufzuschreiben. Pro Wort gibt es einen Punkt. Wer nach einer vorab festgelegten Anzahl von Durchgängen (z. B. drei oder fünf Durchgängen) die meisten Punkte hat, gewinnt das Spiel.

Hinweise

- Timer und digitaler Würfel können auch projiziert werden; so spielt die Klasse in Kleingruppen, aber alle Gruppen spielen im selben Rhythmus und mit denselben Anfangsbuchstaben.

- Es gibt auch eine semi-kooperative Variante für die Wertung: In den Kleingruppen arbeiten alle Schüler:innen gemeinsam. Es werden alle Wörter einer Gruppe zusammengezählt. Doppelte Wörter zählen nicht. Es gewinnt die Gruppe mit den meisten Punkten.

Erhöhung des Schwierigkeitsgrads

- Es wird ein Themengebiet festgelegt. Es dürfen nur Wörter aus diesem Wortfeld – z. B. Zirkus oder Sport, oder nur eine bestimmte Wortart (Verben, Adjektive usw.) – aufgeschrieben werden.
- Es wird zweimal gewürfelt: Gesucht werden nur Wörter, die beide Buchstaben enthalten, z. B. 1 = F, 5 = R → Feuerwehr.
- Offene Position: Die Position der beiden Buchstaben kann dabei offen gelassen werden (so wäre dann „Fahr" ebenso zulässig wie „Rafting" und „fromm").
- Festgelegte Positionen der Buchstaben: Um die Schwierigkeit weiter zu erhöhen, kann die Position der Buchstaben festgelegt werden. Die Schwierigkeit ist dabei abhängig von der Fremdsprache, wie oft die Buchstaben bzw. ihre Kombination dort jeweils vorkommt. So ist z. B. „Fr" am Wortanfang im Deutschen relativ leicht (siehe: frei, Frieden, Franken usw.), am Wortende kommen die Buchstaben in dieser Kombination nicht vor (-fer z. B. hingegen schon).
- Wenn die gesuchten Buchstaben mehrfach im Wort vorkommen, erhält man jeweils einen Punkt R → Radar (zweimal R = zwei Punkte).

Hoher Wörter-Turm

Kompetenzbereich – Schwerpunkt:
Schreiben

Spielkategorie:
Gestalten und Bauen

Spieldauer:
ca. 15 Minuten

Sozialform:
in 2er- oder 3er-Gruppen, kompetitiv

Material:
DIN-A4-Blätter, Timer

Beschreibung

Jede Gruppe erhält einen Stapel DIN-A4-Blätter. Der Timer wird auf fünf Minuten eingestellt. Dafür kann z. B. *https://www.online-stopwatch.com/classroom-timers/* genutzt und per Beamer für alle gut sichtbar projiziert werden.

Pro Blatt notieren die Gruppen mittig auf das Blatt ein Wort aus der aktuellen Lektion (oder aus einem bestimmten Wortfeld wie z. B. Reisen oder Haus) und falten dann den linken und rechten Rand weg. Wichtig: Das Wort muss komplett zu lesen sein.

Mit den so gefalteten Blättern bauen sie einen Turm, bei dem die gefalteten Blätter aufeinandergestapelt werden. Wie die Gruppe die Arbeit aufteilt und wie die Blätter am besten gestapelt werden, sodass der Turm möglichst hoch und zugleich stabil ist, bleibt jeder Gruppe überlassen.

Die Gruppe, die am Ende der fünf Minuten den höchsten, in diesem Moment stehenden Turm gebaut hat, der stehenbleibt, gewinnt das Spiel.

Hinweise

- Variante „**Breiter** Wörter-**Turm**“: Wer die meisten, gefalteten Blätter in seinen Turm gebaut hat, gewinnt. In dieser Variante können die Gruppen nach Ende der Zeit einen Tisch weiter wechseln und anschließend die Wörter der Nachbargruppe kontrollieren. Blätter mit falsch geschriebenen Wörtern oder Wörtern, die nicht zum vorgegebenen Thema passen, werden aussortiert und zählen nicht.
- Dieses Spiel ist auf Teamarbeit ausgelegt. Es kommt auf die Zusammenarbeit und Absprachen an. Zum einen können hier Tipps für die Organisation der Abläufe helfen – bei Gruppen, die nicht gut vorankommen, z. B. arbeitsteilig vorzugehen. Zum anderen eignet sich das Spiel auch sehr gut, um Dynamiken innerhalb von Kleingruppen in der Klasse zu beobachten, wer welche Rolle in den Teams einnimmt.

Erhöhung des Schwierigkeitsgrads

- Auch beim hohen Wort-Turm wird anschließend kontrolliert, ob die Wörter richtig geschrieben sind bzw. zum Thema passen. Die Höhe der Türme wird vorher gemessen und festgehalten. Es gewinnt dann der höchste Turm ohne Fehler.
- Statt die Wörter frei wählen zu lassen, können diese auch, ggf. nach und nach, z. B. auf Deutsch an die Tafel geschrieben werden. Alle Gruppen haben dann dieselben Vokabeln und müssen diese erst (ohne Hilfe) übersetzen, bevor sie sie aufschreiben und für den Turm nutzen können.
- Statt einzelner Wörter müssen ganze Sätze geschrieben werden.
- Die Sätze müssen sich reimen. Hier ist dann insgesamt mehr Zeit notwendig.

Königreich der Wörter

Kompetenzbereich – Schwerpunkt:
Schreiben

Spielkategorie:
Taktik- / Strategie-Spiel

Spieldauer (abhängig von Spielerzahl):
pro Spieler:in ca. 10 Minuten

Sozialform:
Kleingruppen, 2–4 Personen, kompetitiv

Material:
1 x Download-Material „Königreich der Wörter", das Spielmaterial sollte laminiert sein, jede:r Spieler:in erhält 1 Folienstift und 10 Marker (kleine Würfel / Scheiben / Münzen in einer Farbe oder Größe)

Beschreibung

Am Hof des Königs / der Königin wird ein:e neue:r Magier:in gesucht: Die weisen Zauberer:innen des Königreichs befinden sich im Wettstreit. Es gewinnt, wer das Königreich mit den stärksten Zauberwörtern schützen kann.

Jede Gruppe erhält ein Spiel, das in der Mitte des Tischs entsprechend der Spielerzahl wie im Material beschrieben aufgebaut wird. Jede:r Spieler:in erhält zehn Würfel / Münzen / Scheiben in einer Farbe / Größe. Ein:e Startspieler:in wird zufällig bestimmt. Danach folgt der / die nächste im Uhrzeigersinn.

Wer am Zug ist, schreibt zuerst ein Wort auf die eigene Burg. Dabei sind alle Wortarten und alle Konjugations- und Deklinationsformen zulässig. In der nächsten Runde kann man dann ein neues Wort auf eine der (vertikal oder horizontal) angrenzenden Karten schreiben. Im Spiel zu dritt kann die Karte in der Mitte von allen umgebenden Gebietskarten betreten werden.

Wer am Zug ist, kann eine der folgenden Aktionen ausführen:

1. ein neues Wort auf ein leeres, angrenzendes Gebiet schreiben oder
2. ein angrenzendes Gebiet mit Zauberwort durch ein längeres Wort erobern.

Wird ein Gebiet erobert, legt man einen eigenen Marker auf die Karte. Erobert man ein Gebiet von einem Mitspielenden, legt man den eigenen Marker auf den vorhandenen. Falls ein:e Zauberer:in nur noch ein Gebiet hat, lassen sich Tunnel graben: Alle Gebiete mit unten liegendem eigenem Marker gelten bis zum Spielende als angrenzend.

Sobald auf allen Gebietskarten ein Wort steht, ist jede:r Spieler:in noch genau einmal am Zug. Wer die meisten Gebiete hat, gewinnt. Bei Gleichstand wird die Anzahl der Buchstaben der Wörter verglichen.

Hinweise

Jede:r kann einen Timer einsetzen, um die Nachdenkzeit im Zug zu begrenzen. Es werden zwei Minuten eingestellt. Ist bis Ablauf der Zeit kein Zug erfolgt, passt der / die Spieler:in.

Variante: Im Spiel zu dritt wird die Karte in der Mitte, im Spiel zu zweit und zu viert werden die zwei Karten in der Mitte umgedreht. Diese Gebiete haben nun besondere Fähigkeiten. Jedesmal, wenn ein Zauberwort auf eine dieser Karten geschrieben wird, darf der / die Zauberer:in die Fähigkeit sofort einmal nutzen.

Erhöhung des Schwierigkeitsgrads

Jedes Wort darf nur einmal vorkommen. Das gilt auch für denselben Wortstamm, z. B. Prinz / Prinzessin.

Gebiete kann man nur erobern, indem die vorhandenen Buchstaben des aktuellen Wortes dort genutzt werden. Die Buchstaben dürfen umgestellt und auch Buchstaben hinzugefügt werden.

Es werden nur Wörter zu einem Thema, einer Wortart (z. B. Verben) oder einer Zeitform (z .B. Imperfekt) zugelassen. Wird ein Wort falsch geschrieben und durch die anderen Spielenden korrigiert, wird das Wort gestrichen und der Marker geht zurück an den Spieler, der das Wort geschrieben hat.

Mein liebstes Monster

Kompetenzbereich – Schwerpunkt:
Schreiben, Sprechen, Hören

Spiel-Kategorie:
Rätsel / Quiz

Spieldauer:
ca. 30 Minuten

Sozialform:
ganze Klasse, kooperativ

Material:
Monsterbilder, Tafel, Timer

Beschreibung

An den Wänden des Klassenzimmers werden einzeln in ausreichendem Abstand voneinander die Monsterbilder aufgehängt. Alternativ können sie auch auf dem Pult oder Boden ausgelegt werden. Es wird eine Zeit festgelegt, z. B. zehn Minuten, und der Timer entsprechend eingestellt.

Die Schüler:innen gehen durch den Raum und wählen jeweils das für sie schönste oder hässlichste Monster aus. Jede:r nimmt einen Zettel oder ein Heft und notiert eine kurze Beschreibung des Monsters (Wie sieht es aus? Welche Farbe hat es? Wie viele Augen / Ohren / Hände / Beine usw. hat das Monster? Welche anderen Merkmale hat es?). Die Schüler:innen dürfen dazu nochmal zu den Monstern gehen und diese anschauen. Geschrieben wird aber nur am eigenen Platz.

Die Lehrkraft schreibt eine zweispaltige Tabelle an die Tafel: die linke Spalte ist für die Klasse, die rechte für die Monster, die nicht erkannt werden wollen.

Die Schüler:innen haben nun zehn Minuten Zeit. Sie suchen sich eine:n Partner:in, dem / der sie ihre

Beschreibung des Monsters vorlesen. Findet der / die Partner:in daraufhin das richtige Monster, gehen beide Schüler:innen zur Tafel und tragen einen Punkt für die Klasse in die Tabelle ein.

Zeigt der / die Partner:in auf das falsche Monster, bekommen die Monster einen Punkt an der Tafel.

Beide suchen sich dann eine:n neue:n Partner:in. Wenn die Klasse nach Ablauf der Zeit als Klasse mehr Punkte hat als die Monster, hat sie das Spiel gewonnen.

Hinweise

Gerade in kleineren Klassen können die Monster auch zunächst selbst durch die Schüler:innen gestaltet und dann ausgehängt werden. Es ist zudem möglich, beim Malen der Bilder auch schon das zentrale Vokabular (Körperteile, Farben etc.) zu wiederholen.

Varianten: Das Spiel funktioniert auch mit Personenbildern und den üblichen Personenbeschreibungen, mit unterschiedlichen Bildern von Wohnräumen und den Ortsangaben (Im Zimmer steht ein Sofa. Links vom Sofa ist eine Lampe etc.), Landschaftsbildern (Berge, Wolken, Wald, Meer etc.) oder auch Karikaturen, die ähnlich sind. Die Bilder können auch für andere Methoden und Spiele verwendet werden, wie z. B. Bilddiktate, Bilddetektive Bildersuche oder Slide-Surprise-Show (siehe oben).

Erhöhung des Schwierigkeitsgrads

Je ähnlicher die gewählten Bilder, desto genauer muss die Beschreibung sein, desto schwieriger ist das Spiel.

Variante: Jede:r Schüler:in erhält zufällig oder zeichnet selbst ein Monsterbild, das die anderen nicht sehen dürfen. Durch Fragen müssen alle Schüler:innen eine:n Partner:in mit einem Monster finden, mit mindestens einer gleichen – ungewöhnlichen, nicht menschlichen – Eigenschaft (z. B. drei Augen, vier Beinen, lila Haaren oder Ähnlichem).

Rasende Würfel

Kompetenzbereich – Schwerpunkt:
Schreiben

Spielkategorie:
Spiel mit hohem Glücks- / Zufallsanteil

Spieldauer:
ca. 10 Minuten

Sozialform:
in Kleingruppen, jede:r gegen jede:n, kompetitiv

Material:
pro Gruppe 1 sechsseitiger Würfel

Beschreibung

Die Klasse teilt sich in 4 – 5er-Gruppen auf. Jede Gruppe erhält einen Würfel und eine Liste mit sechs Themen. Entweder legt jede Gruppe ihre Themen fest oder sie werden für alle an die Tafel geschrieben.

Ein:e Startspieler:in wird zufällig bestimmt und erhält den Würfel: Der erste Wurf bestimmt das Thema. Dann wird der Würfel noch einmal geworfen: Der zweite Wurf bestimmt die Anzahl der Wörter. Nun schreiben alle gleichzeitig die Wörter auf, die ihnen zum Thema einfallen. Wer als erste:r die vorgegebene Anzahl der Wörter erreicht, gewinnt zwei Punkte. Wer danach die komplette Anzahl an Wörtern erreicht, bekommt einen Punkt. Gespielt werden fünf Runden. Zeigt der Würfel ein Thema doppelt, wird noch einmal gewürfelt, bis ein neues Thema kommt. Wer am Ende die meisten Punkte hat, gewinnt.

Hinweise

Es ist auch möglich, einen digitalen Würfel zu verwenden, z. B. unter *https://wuerfel.jetzt/index.html*. Die digitalen Würfel können die Schüler:innen auf einem Smartphone nutzen, oder der Würfelwurf wird für alle über einen Beamer projiziert oder an der digitalen Tafel gezeigt. So können auch alle Kleingruppen in der Klasse das Spiel im selben Rhythmus spielen.

Erhöhung des Schwierigkeitsgrads

- Zeigt der Würfel ein Thema, das bereits dran war, dürfen nur neue Wörter notiert werden, die in den vorangehenden Runden noch nicht aufgeschrieben wurden. Hierfür kann es hilfreich sein, alle Wörter zu einem Thema am Ende der Runde auf einem Blatt zu sammeln und das gut sichtbar für alle in die Mitte zu legen.
- Alle Gruppen erhalten zwei Würfel. Zunächst wird ein Würfel geworfen; dieser bestimmt das Thema. Danach werden beide Würfel geworfen: Diese bestimmen die Anzahl der Wörter. Statt eins bis sechs müssen nun zwei bis zwölf Wörter aufgeschrieben werden. Hierbei ist sicherzustellen, dass die Schüler:innen für alle Themen ausreichend Wörter kennen, um die Anforderung auch erfüllen zu können.
- Spielalternative: Zu dem vorgegebenen Thema muss ein Satz gebildet werden mit exakt der durch zwei Würfel vorgegebenen Anzahl an Wörtern.
- Alternative: Der erste Wurf bestimmt das Thema, der zweite Wurf erfolgt mit zwei oder drei Würfeln und bestimmt die Anzahl der Buchstaben der gesuchten Wörter. Es dürfen dann nur Wörter mit der entsprechenden Buchstabenzahl notiert werden. Dies eignet sich aufgrund der hohen Varianz der Buchstabenzahl nicht für alle Sprachen in gleichem Maß. Ggf. kann auch eine Buchstabenzahl vorgegeben statt gewürfelt werden.

Schneeballschlacht

Kompetenzbereiche – Schwerpunkte:
Schreiben / Lesen

Spielkategorie:
Sich bewegen

Spieldauer:
ca. 10 – 15 Minuten

Sozialform:
ganze Klasse in zwei Gruppen, kompetitiv

Material:
1 Stift pro Schüler:in, Stapel DIN-A5-Papier

Beschreibung

Die Klasse teilt sich durch Abzählen in zwei Gruppen auf. Jede:r Schüler:in benötigt einen Stift. Beide Gruppen bekommen die Hälfte des Papierstapels.

Die Lehrkraft nennt zwei Themen, z. B. „Essen“ und „Sport“. Beide Gruppen schreiben nun innerhalb von zwei Minuten so viele Wörter zu beiden Themen auf wie möglich. Danach rollen sie die Papierblätter zu Schneebällen zusammen und werfen sie auf die andere Gruppe. Anschließend sammeln beide Gruppen so viele Schneebälle wie möglich auf, legen sie auf einen Tisch und ordnen die darauf geschriebenen Wörter dem richtigen Thema zu. Jedes richtig zugeordnete Wort gibt einen Punkt. Die Gruppen kontrollieren jeweils die Wörtersammlung der anderen und zählen deren Punkte. Die Gruppe mit den meisten richtig zugeordneten Wörtern gewinnt das Spiel.

Hinweise

Variante Apfelkitsch-Weitwurf: Wenn man nicht möchte, dass die Schüler:innen die Papierbälle aufeinander werfen, bietet sich diese Variante an. Beide Gruppen stellen sich auf der Tafelseite des Klassenraums oder draußen hinter einer Linie auf. Sie werfen die zerknüllten Blätter so weit wie möglich und sammeln sie anschließend auf. Die verwendeten Blätter können wieder entknüllt und für andere Spiele verwendet werden.

Variante: Es werden Kleingruppen von vier bis fünf Lernenden gebildet. Es wird nur ein Thema vorgegeben. Pro Gruppe wird ein (Papier-Müll-)Eimer in ausreichender Entfernung aufgestellt. Die beschrifteten und zerknüllten Papiere müssen vom Platz aus in den Eimer geworfen werden. Dafür gibt es ein Zeitlimit. Gewertet werden nur zum Thema passende und richtig geschriebene Wörter, die im Eimer gelandet sind.

Erhöhung des Schwierigkeitsgrads

- Doppelte Wörter erbringen keine Punkte (wenn es also z. B. unter „Essen" zwei Zettel mit dem Wort „Hamburger" gibt, erhält die Gruppe nur einen Punkt, das doppelte Wort zählt nicht).
- Kontrolle der Rechtschreibung: Nur komplett richtig geschriebene Wörter werden gewertet. Die Kontrolle übernimmt jeweils die andere Gruppe.
- Statt Wörtern werden ganze Sätze aufgeschrieben.
- Durch eine Zeitvorgabe sowohl beim Schreiben als auch beim Einsammeln und Sortieren wird das Spiel schwieriger. Dabei sollte das Zeitfenster zum Schreiben größer sein als das zum Einsammeln und Sortieren.

VocabMentor

Kompetenzbereich – Schwerpunkt:
Schreiben

Spielkategorie:
Rätsel / Quiz

Spieldauer:
ca. 5 Minuten

Sozialform:
Solo-Spiel

Material:
digitales Gerät, Internetzugang, Registrierung bei ChatGPT oder poe.com bzw. DSGV-konform, die KI-Angebote von fobizz oder schulKI

Beschreibung

ChatGPT ist ein Large Language Model, das durch eine entsprechende Eingabe (Prompt) eine Rolle annehmen kann. Dies lässt sich zum Wortschatz-Training beim Fremdsprachenlernen nutzen. Im Download-Bereich findet sich ein Beispiel-Prompt, der dem ChatBot die Rolle als Quizmaster zuweist und der anschließend ein Quiz mit dem Spielenden durchführt.

Der zur Verfügung gestellte Prompt zeigt beispielhaft, wie „KI"-Angebote zur Binnendifferenzierung, als ein Element innerhalb einer Lerntheke, eines Stationenlernens oder zur individuellen Förderung von Schüler:innen genutzt werden können.

Hinweise

- eigener ChatBot mit direktem Link: *https://poe.com/VocabMentor*
- Der verlinkte ChatBot bietet zwei Vorteile:
  - Der Prompt muss nicht neu eingegeben werden, sondern es kann direkt losgehen mit dem Quiz.

- Die Vokabeln, die abgefragt werden sollen, müssen nicht eingetippt werden, sondern können auch z. B. in einem Word-Dokument vorab vorbereitet und dann hochgeladen werden.

- Lehrkraft und / oder Schüler:innen können den Text des Prompts verändern und an die eigenen Bedürfnisse anpassen, z. B. daraus ein Spiel für zwei Spieler:innen machen oder die Aufgabe verändern und statt Wörter abzufragen Sätze bilden lassen, die vom ChatBot individuell korrigiert werden.
- Als Ergänzung kann man auch schreiben „Talk to me in English" oder „Háblame en español". Der Bot führt dann das Gespräch auf Englisch bzw. Spanisch.

Erhöhung des Schwierigkeitsgrads

- Durch Veränderung des Prompt-Texts kann die Schwierigkeit frei skaliert und angepasst werden (siehe Hinweise): Es können z. B. Sätze statt Wörter oder einsprachig Gegensatzpaare Gegenstand des Quiz werden.
- Es ist auch möglich, Grammatik- und Verbformen zu integrieren. Mit der entsprechenden Ergänzung im Prompt-Text gibt der ChatBot nicht direkt die richtige Antwort, sondern kann als Tutor agieren, in dem er Tipps und Hinweise oder zusätzliche Erklärungen zum Verständnis gibt, damit die Spielenden selbst die Lösung finden.

Wortmeister

Kompetenzbereich – Schwerpunkt:
Schreiben

Spielkategorie:
Spiel mit hohem Glücks- / Zufallsanteil

Spieldauer:
ca. 10 Minuten

Sozialform:
in Kleingruppen, jede:r gegen jede:n, kompetitiv

Material:
pro Schüler:in 1 Stift und 1 Blatt

Beschreibung

Die Schüler:innen spielen in Kleingruppen von sechs bis acht Personen. Jede:r Spieler:in benötigt ein Blatt und einen Stift. Alle Kleingruppen der Klassen spielen im selben Rhythmus. Zu Beginn jeder Runde gibt die Lehrkraft ein Thema vor (z. B. Haus, Garten, Sportart, Musikinstrumente).

Alle schreiben nun verdeckt ein Wort auf ihren Zettel. Sie haben dafür maximal eine Minute Zeit. Nach einer Minute oder wenn alle ein Wort geschrieben haben, decken alle in der Kleingruppe gleichzeitig ihre Wörter auf. Die Lehrkraft achtet auf die Zeit und gibt ein akustisches Signal, wenn die Minute abgelaufen ist.

Nun werden die Ergebnisse ausgewertet. Jede:r Spieler:in bekommt pro Buchstaben des Wortes einen Punkt, wenn es zu dem vorgegebenen Thema passt.

Achtung: Haben zwei oder mehr Spieler:innen das gleiche Wort geschrieben oder ein Wort mit dem gleichen Wortstamm (z. B. Prinz / Prinzessin oder Tisch / tischlern), werden diese Wörter nicht gewertet. Wer nach einer vorher festgelegten Anzahl von Runden / Themen, z. B. fünf, die meisten Punkte hat, gewinnt in seiner Kleingruppe. Es kann dann auch kleingruppenübergreifend ein:e Klassensieger:in ermittelt werden.

Hinweise

- Anstelle von Blättern können auch laminierte Karten verwendet werden, die mit abwischbaren Stiften beschrieben werden.
- Soll das Spiel nur mit einem Teil der Klasse in einer differenzierten Gruppenarbeit eingesetzt werden, erhalten die Schüler:innen einen Stapel Karten mit den Themen. Sie mischen diesen Kartenstapel und legen ihn verdeckt in die Mitte des Tischs. Zu Beginn einer Runde wird, für alle gut sichtbar, die oberste Karte aufgedeckt, die das Thema vorgibt. Das Spiel endet mit der Runde, in der die letzte Themenkarte aufgedeckt wird.

Erhöhung des Schwierigkeitsgrads

Durch Verkürzung der Zeit für das Aufschreiben wird das Spiel schwieriger; statt einer Minute nur z. B. 30 Sekunden.

Wort-Skulpturen

Kompetenzbereiche – Schwerpunkt:
Schreiben

Spielkategorie:
Gestalten und Bauen

Spieldauer:
ca. 20 Minuten

Sozialform:
in Kleingruppen und gesamte Klasse, kooperativ

Material:
Zettel, Stifte, pro Gruppe: 1 Packung Spielknete und 1 Vokabelkarte

Beschreibung

Ein leeres DIN-A4-Blatt wird dreimal mittig gefaltet und an den Faltlinien auseinandergeschnitten, sodass acht Spielkarten entstehen. Auf jede Karte werden untereinander fünf Nomen notiert (z. B. Hund, Katze, Haus, Garten, Lampe). Diese Vokabelkarten werden zu einem Stapel zusammengeführt und gemischt.

Die Klasse wird in Kleingruppen von drei bis vier Schüler:innen aufgeteilt.

Jede Gruppe erhält eine Vokabelkarte mit fünf unterschiedlichen Wörtern und eine Packung Spielknete.

Jede Gruppe hat nun zeitgleich fünf Minuten Zeit: Sie wählt ein Wort von ihrer Karte aus und gestaltet dieses als Skulptur mit der Knete.

Anschließend präsentieren alle Gruppen in zufälliger Reihenfolge ihre Skulptur: Der Rest der Klasse versucht, das dargestellte Wort zu erraten. Jede:r Schüler:in notiert auf einem Zettel, was er / sie denkt, was die Skulptur darstellt.

Auf ein Zeichen der Lehrkraft hin zeigen alle Schüler:innen ihre Zettel. Hat mehr als die Hälfte der Schüler:innen richtig geraten, bekommt die ganze Klasse einen Punkt. Hat die Mehrheit falsch geraten, bekommt das Spiel als Gegner einen Punkt. Die Klasse gewinnt gemeinsam, wenn sie die Mehrheit der Skulpturen richtig errät, also mehr Punkte als das Spiel erhält.

Hinweise

Die Lehrkraft oder die Schüler:innen können die fünf Wörter auf die Karten schreiben. Wird die Karte mit der jeweiligen Skulptur gezeigt oder vorgelesen, ist das Raten etwas einfacher, weil die Klasse nur aus den fünf Begriffen auswählt. Wird sie nicht gezeigt bzw. werden die Begriffe nicht vorgelesen, sind die Möglichkeiten etwas größer, was die Skulptur zeigen könnte, da die ratenden Schüler:innen nicht wissen, welche Begriffe zur Auswahl standen.

Erhöhung des Schwierigkeitsgrads

- Es können neben Nomen auch Verben (gehen, tanzen etc.) oder sogar Adjektive (schnell, schön etc.) auf den Vokabelkarten notiert werden.
- Die Aufgabe wird zudem schwieriger, wenn weniger Zeit zur Gestaltung der Skulptur zur Verfügung steht.
- Das Spiel lässt sich auch mit bekannten Persönlichkeiten spielen. Dabei besteht die Herausforderung, dass die Schüler:innen zum einen wissen, wie die Personen aussehen und es ihnen dann gelingt, ein unterscheidendes Merkmal zu erkennen und zu modellieren. Gleichfalls denkbar sind zu ratende Sehenswürdigkeiten: Je unterschiedlicher diese sind, desto einfacher, je ähnlicher (z. B. verschiedene Türme oder Häuser), desto schwieriger.

Zauberwort-Pfad

Kompetenzbereich – Schwerpunkt:
Schreiben

Spielkategorie:
Rätsel / Quiz

Spieldauer:
ca. 15 – 20 Minuten

Sozialform:
Solo-Spiel (Binnendifferenzierung / Angebot in Lerntheke o. Ä.)

Material:
10 Karten (9 Gebietskarten + 1 Turm des Zauberers – siehe: Download-Material: „Königreich der Wörter"), 6 Marker (z. B. kleine Holzscheiben oder 1 Cent-Münzen), Handy oder Tablet mit Internetzugang

Beschreibung

Es werden neun Gebietskarten in einer Reihe als Weg auslegt. An dessen Ende wird eine Karte mit dem Turm des Zaubermeisters / der Zaubermeisterin angefügt. Ein Set mit sechs Markern wird daneben bereitgelegt.

Mithilfe eines Zufallsgenerators für Buchstaben (z. B. *https://ohmyluck.com/de/random-letter/*) werden zehn Buchstaben ermittelt.

Es wird nun versucht, mit möglichst vielen dieser Buchstaben ein Wort zu bilden und dieses auf der ersten Karte zu notieren.

Alle nicht verwendeten Buchstaben kommen anschließend aus dem Spiel und es werden zehn neue Buchstaben generiert. Die Marker kann der / die Spielende nutzen, um jederzeit einen oder mehrere Buchstaben auszutauschen. Dazu generiert er / sie einen oder mehr neue Buchstaben mit dem Generator und streicht genauso viele von den aktuellen zehn Buchstaben. Für jeden neuen Buchstaben wird ein Marker abgeworfen. Er kommt aus dem Spiel. Es können also maximal sechs Buchstaben getauscht werden.

Nachdem das letzte Wort auf den Turm gelegt wurde, werden die Buchstaben aller zehn Wörter gezählt. Der / Die Spielende startet als Schüler:in: Wer mindestens 50 Buchstaben hat, darf sich fortan *Buchstabenzauberlehrling* nennen. Ab 60 Buchstaben erreicht man die Stufe *Wortzauberer / Wortzauberin*. Wer 70 oder mehr Buchstaben verwendet, hat exzellent gespielt und darf sich nun *Zaubermeister:in* nennen.

Hinweise

- Im Sinne der Wiederverwendbarkeit ist es sinnvoll, die Karten zu laminieren und einen abwischbaren Stift bereitzustellen.
- Ein Blatt ist zusätzlich hilfreich, um die Buchstaben zu notieren, verschiedene Kombinationen auszuprobieren und mithilfe der Marker einzelne Buchstaben auszutauschen.

Erhöhung des Schwierigkeitsgrads

- Durch Reduzierung der Anzahl der Marker zum Austauschen von Buchstaben wird das Spiel schwieriger.
- Die Schwierigkeit kann auch durch Einführung eines Zeitlimits erhöht werden – entweder endet das Spiel insgesamt also z. B. nach 20 Minuten oder es werden z. B. pro Wort / Gebietskarte zwei Minuten gegeben.
- Es können Themen vorgegeben werden. Diese werden auf Zetteln notiert und zufällig verdeckt neben jede Gebietskarte gelegt und aufgedeckt, wenn man an dieser Karte angekommen ist. Nun darf nur ein Wort aus diesem Themenbereich gebildet werden.

Geheimbotschaften entziffern

Kompetenzbereich – Schwerpunkt:
Lesen

Spielkategorie:
Rätsel / Quiz

Spieldauer:
ca. 15 – 20 Minuten

Sozialform:
in Kleingruppen, kooperativ

Material:
pro Gruppe 1 Blatt und Stifte, evtl. Timer

Beschreibung

Die Schüler:innen teilen sich in Kleingruppen von drei bis vier Personen auf. An der Tafel oder per Beamerprojektion sehen die Schüler:innen eine Liste mit aktuellen Vokabeln. Diese sollten eine ähnliche Anzahl von Buchstaben haben, also mehrere Wörter jeweils mit z. B. vier bis sechs Buchstaben.

Die Gruppen denken sich nun eine Geheimschrift aus. Dabei können sie z. B. die Buchstaben im Alphabet „verrücken". Als Beispiel: B ist der zweite Buchstabe – statt eines „B" wird ein „F" geschrieben, also der sechste Buchstabe. Genauso wird das gesamte Alphabet um vier Plätze verschoben oder sie setzen Symbole und Zeichen an die Stelle der Buchstaben, z. B. „Boot" wird dann zu: „#@@*".

Die Schüler:innen wählen drei Wörter aus der Liste und schreiben diese in ihrer selbst ausgedachten Geheimschrift.

Die verschlüsselten Wörter werden im Uhrzeigersinn an die nächste Gruppe weitergegeben. Diese versucht, sie zu entschlüsseln. Die Überprüfung, ob die Wörter richtig entschlüsselt wurden, erfolgt durch die Ausgangsgruppe. Gruppen, die ihre Wörter bereits richtig entschlüsselt haben, können anderen Gruppen helfen. Wenn alle Wörter entschlüsselt sind, endet das Spiel.

Hinweise

- Wichtig ist, dass in derselben Verschlüsselungsart mindestens drei Wörter vorliegen, um „Pattern" auf Grundlage des bekannten Wortschatzes in der Fremdsprache erkennen zu können. Ein einzelnes Wort in einer unbekannten Verschlüsselungsart kann in der Regel allenfalls erraten, aber nicht durch logisches Schlussfolgern entschlüsselt werden.
- In der Entschlüsselungsphase kann ein Timer gesetzt werden. Die Klasse hat z. B. fünf Minuten Zeit, um alle Wörter zu entschlüsseln. Gelingt dies in der vorgegebenen Zeit, gewinnt sie.
- Das Spiel kann auch kompetitiv gespielt werden: Die Klasse ist in zwei Teams geteilt, die jeweils aus mehreren Kleingruppen bestehen. Die Kleingruppen bereiten eine vorgegebene Anzahl an verschlüsselten Wörtern vor. Das Team, das als erstes alle Wörter des anderen Teams korrekt entschlüsselt hat, gewinnt.

Erhöhung des Schwierigkeitsgrads

- Das Entschlüsseln der Wörter ist schwieriger, wenn keine Liste vorliegt.
- Anstelle von Wörtern können ganze Sätze oder sogar kleine Texte verschlüsselt werden.

Geheime Wörter

Kompetenzbereich – Schwerpunkt:
Lesen

Spielkategorie:
Rätsel / Quiz

Spieldauer:
ca. 20 Min.

Sozialform:
in Kleingruppen, kooperativ

Material:
Tafel / Whiteboard, 5 Vokabelzettel

Beschreibung

Die Klasse teilt sich in 5er-Gruppen auf. Eine der 5er-Gruppen bekommt pro Schüler:in einen Vokabelzettel – auf ihm steht ihr geheimes Wort. Auf dem Boden ist ein Band gelegt oder geklebt oder es wird eine Linie an die Wand projiziert. An den beiden Enden steht jeweils ein Adjektiv als Gegensatzpaar: groß – klein, hoch – tief, alt – jung / neu, harmlos – gefährlich, schön – hässlich, interessant – langweilig, schwer – leicht, einfarbig – bunt, einer – viele, kalt – heiß, umweltfreundlich – schädlich usw.

Die Schüler:innen mit den geheimen Wörtern positionieren sich möglichst passend für ihr Wort auf einer gedachten Linie zwischen den beiden Gegensätzen / Seiten im Raum. Beispiel: Beim Thema „Tiere“ stellt sich jemand mit dem Wort „Elefant“ zum Adjektiv „groß“, jemand mit dem Wort „Maus“ auf die Seite „klein“.

Nun haben alle anderen Kleingruppen genau einen Rateversuch: Sie können für einen / eine Schüler:in raten, wie das geheime Wort lautet. Ist der Rateversuch erfolgreich, zeigt der / die Schüler:in seinen Wortzettel und setzt sich auf seinen Platz. Bei fünf Schüler:innen mit geheimem Wort endet das Spiel spätestens nach fünf Runden. Die Klasse gewinnt, wenn sie vorher alle Wörter erraten hat.

Hinweise

- Die Auswahl der Gegensatzpaare liegt bei der Lehrkraft und sollte gut zu den Vokabeln passen.
- Es ist hilfreich, vorab die Themenfelder zu benennen, aus denen die geheimen Wörter kommen.
- Besonders geeignet sind Vokabeln wie Verkehrsmittel, Tiere oder landeskundliche Inhalte, z. B. Sehenswürdigkeiten oder Personen.

Erhöhung des Schwierigkeitsgrads

- Je weniger Kleingruppen raten, desto weniger Rateversuche hat die Klasse, desto schwieriger ist das Spiel.
- Alternativ oder ergänzend kann die Anzahl der zu erratenden Wörter erhöht werden. Auch dies macht das Spiel herausfordernder.

Pyramiden-Puzzle

Kompetenzbereich – Schwerpunkt:
Lesen

Spielkategorie:
Rätsel / Quiz

Spieldauer:
ca. 15 Minuten

Sozialform:
in Kleingruppen, kooperativ

Material:
pro Kleingruppe 10 rechteckige Zettel und 1 Stift

Beschreibung

Das Spiel kann allein, in Partnerarbeit oder in Gruppen von drei bis vier Schüler:innen gespielt werden. Jede Gruppe erhält zehn rechteckige Zettel (z. B. 6 x 8 cm). Auf die Zettel schreiben die Schüler:innen jeweils eine Vokabel z. B. aus der aktuellen Lektion oder zu einem vorgegebenen Thema.

Ziel des Spiels ist es, auf diese Weise mit den zehn Karten eine Pyramide auszulegen.

Sie legen eine erste Karte links unten aus. Ergänzt wird nun eine Karte rechts daneben. Um die zweite Karte anlegen zu können, müssen sie eine Gemeinsamkeit von beiden Wörtern benennen. Das kann ein Oberbegriff oder eine geteilte Eigenschaft sein, z. B. die Karte

„Hund" und die Karte „Katze" würde das Wort „Haustier" verbinden; die Karten „Wolkenkratzer" und „Giraffe" z. B. groß oder hoch. Als nächstes wird entweder eine Karte rechts daneben angelegt oder über die beiden ersten Karten gelegt. Wird die nächste Karte in der zweiten Reihe oben platziert, muss das Wort mit beiden darunterliegenden Karten ein Merkmal teilen.

Das Team gewinnt, wenn es ihm gelingt, mit den zehn Wortkarten eine Pyramide zu legen. Die Gruppen können anschließend gegenseitig oder im Plenum ihre Pyramiden mit den gedachten Verbindungsmerkmalen vorstellen.

Hinweise

- Das Spiel beruht auf Assoziationen. Es gibt daher immer viele Möglichkeiten, die Pyramide aus den vorhandenen Wörtern sinnvoll aufzubauen. Die unterschiedlichen Lösungen der Gruppen können nur kommunikativ evaluiert werden, indem im Gespräch geklärt wird, wie sinnvoll und plausibel die gedachten Verbindungen bzw. Gemeinsamkeiten sind.
- Das Spiel kann auch kompetitiv gespielt werden, in dem die Gruppen gegeneinander antreten: Ziel ist es dann, die Pyramide als erste Gruppe fertigzustellen. Sobald die erste Gruppe fertig ist, haben die übrigen noch eine Minute Zeit, um auch ihre Pyramide zu beenden. In der Reihenfolge des Fertigstellens stellen die Gruppen nun ihre Pyramiden mit den Verbindungen vor. Es gewinnt die Gruppe, die als erste eine Pyramide ausgelegt hat, an der bei der Vorstellung keine Verbindung als „nicht plausibel" oder „falsch" kritisiert wird.

Erhöhung des Schwierigkeitsgrads

- Die nächstgrößere Pyramide umfasst 15 Wörter mit einer Basis von fünf Karten.
- Abstrakta sind schwerer miteinander zu verbinden.
- Die Verbindungen müssen mit mindestens einem Satz erklärt und begründet werden.

Schlangenwörter

Kompetenzbereich – Schwerpunkt:
Lesen

Spielkategorie:
Erkennen und Reagieren (Schnelligkeit)

Spieldauer:
ca. 5 Minuten

Sozialform:
Duell-Spiel, 1 gegen 1

Material:
Wortgitter und 2 Stifte pro Paar

Beschreibung

Zur Vorbereitung wird ein Wortgitter mit bekannten Vokabeln hergestellt – ohne oder mit möglichst wenig Leerstellen bzw. Füllbuchstaben, die zu keinem Wort gehören. Ein Wortgitter kann man z. B. mit *https://www.suchsel.net/* digital erstellen und dann ausdrucken. Durch Anpassen der Gittergröße auf die eingegebenen Wörter erhält man ein Wortgitter mit wenig Leerstellen.

Je zwei Schüler:innen setzen sich an einem Tisch gegenüber und legen ein Wortgitter in die Mitte zwischen sich, mit den schmalen Seiten jeweils zu ihnen zeigend.

Beide beginnen an einem beliebigen Kästchen in der äußersten Reihe des Gitters, das ihnen jeweils am nächsten ist. Gleichzeitig markieren sie so schnell wie möglich in ihrer Farbe ein Wort und suchen dann daran direkt anschließend das nächste Wort, das sie markieren. So bilden sie eine Wörterschlange in ihrer Farbe.

Sobald eine Schlange die andere berührt, ist das Spiel zu Ende. Wer dann die meisten Buchstaben (!) in seiner Schlange hat, gewinnt.

Hinweise

- Idealerweise werden mehrere Wortgitter zu verschiedenen Themen erstellt und nach dem Ausdrucken laminiert. Die Schüler:innen spielen dann mit abwischbaren Stiften in zwei unterschiedlichen Farben.
- Das Spiel kann auch gut als differenzierendes Material in der Freiarbeit, bei Lerntheken, als Teil eines Stationenlernens oder für Schüler:innen genutzt werden, die früher mit einem Arbeitsauftrag fertig sind.
- Das Spiel kann mit derselben Vorlage nach Auswischen oder Radieren der Farben auch mehrfach gespielt werden. Durch die Interaktion mit dem /der anderen Spieler:in ergeben sich unterschiedliche Wege und Taktiken auf dem Spielfeld, um die längste Schlange zu erhalten.

Erhöhung des Schwierigkeitsgrads

- Die Schwierigkeit des Spiels skaliert über die Anordnung der Buchstaben von einfach „von oben nach unten“ über „von oben nach unten + von unten nach oben“ und Hinzufügen „von links nach rechts und von rechts nach links“ bis schwer, wenn auch noch „diagonal“ und ggf. „diagonal rückwärts“ als Möglichkeiten hinzugenommen werden.
- Die Schüler:innen können für eine andere Gruppe ein Wortgitter auf Papier mit Stiften selbst gestalten und dort möglichst viele Wörter unterbringen, ohne viele Leerstellen zu lassen bzw. ohne viele Füllbuchstaben einfügen zu müssen.

Schnipseljagd

Kompetenzbereich – Schwerpunkt:
Lesen

Spielkategorie:
Sich bewegen

Spieldauer:
ca. 10 Minuten

Sozialform:
gesamte Klasse, kooperativ

Material:
Vokabelkarten, Worterklärungen

Beschreibung

Vorbereitet werden Karten mit jeweils einer Vokabel entsprechend der Anzahl der Schüler:innen der Klasse sowie dazu passend ebenso viele Worterklärungen auf eigenen Zetteln. Diese können die Schüler:innen selbst erstellen.

Die Worterklärungen werden eingesammelt, gemischt und auf dem Pult ausgelegt.

Jede:r Schüler:in versteckt einen Vokabelzettel im Klassenraum. Nun haben die Schüler:innen fünf Minuten Zeit – dies wird z. B. über einen Countdown per Beamer im Klassenzimmer projiziert – um alle versteckten Wörter zu finden und sie den Definitionen zuzuordnen.

Der versteckte Vokalbelzettel darf dabei nicht von der Person gesucht werden, die ihn versteckt hat.

Die gefundenen Vokabelzettel werden den Definitionen zugeordnet und zur passenden Definition auf das Pult gelegt.

Die Klasse gewinnt, wenn sie alle versteckten Wörter gefunden und den richtigen Definitionen zugeordnet hat, bevor die Zeit abgelaufen ist. Die Klasse verliert, wenn die Zeit abgelaufen ist und noch nicht alle Wörter gefunden sind oder die Zuordnungen unvollständig oder falsch sind.

Hinweise

Falls möglich, kann auch die Lehrkraft die Zettel verstecken. Je nach Schule und Witterungslage können die Zettel auch außerhalb der Klasse z. B. draußen auf dem Schulhof versteckt werden. Wichtig dabei ist, den Radius klar zu begrenzen und mögliche Gefahrenquellen auszuschließen.

Erhöhung des Schwierigkeitsgrads

- Die Schwierigkeit erhöht sich durch Kürzung der zur Verfügung stehenden Zeit.
- Für fehlerhafte Zuordnung von Vokabel und Worterklärung können auch Zeitabzüge erfolgen, wie z. B. zehn Sekunden weniger pro falscher Zuordnung.
- Als Spielvariante ist auch möglich, die Wortdefinition in zwei Hälften zu trennen und diese auf unterschiedliche Zettel zu schreiben. Einer der Zettel kommt auf das Pult, der andere wird versteckt. Nun müssen erst die Satzteile richtig zugeordnet und anschließend muss der gesuchte Begriff von den Schüler:innen genannt oder z. B. an der Tafel notiert werden.

Vokabel-Schnapp

Kompetenzbereich – Schwerpunkt:
Lesen

Spielkategorie:
Erkennen und Reagieren

Spieldauer:
ca. 10 Minuten

Sozialform:
in Kleingruppen, kompetitiv

Material:
1 Set von 8 – 10 Vokabelkarten pro Spieler:in

Beschreibung

Die Klasse wird in Kleingruppen von drei bis vier Schüler:innen eingeteilt.

Jede:r Schüler:in erhält ein Set mit den gleichen acht bis zehn Vokabelkarten. Jede:r Schüler:in mischt die Karten und legt sie verdeckt als Stapel vor sich auf den Tisch.

Zufällig wird ein:e Startspieler:in bestimmt. Beginnend mit dem / der Startspieler:in deckt jede:r Schüler:in jeweils eine eigene Karte auf und legt diese offen neben den eigenen Kartenstapel. Liegen unterschiedliche Wörter aus, bleiben diese offen liegen.

Wenn ein Wort zweimal oder öfters auf dem Tisch offen ausliegt, bekommt diese Karten mit dem gleichen Wort, wer zuerst „Vokabel-Schnapp“ ruft. Die gewonnenen Karten zählen als Punkte und werden beiseitegelegt. Übrige Karten bleiben offen liegen.

Der / Die Kartengewinner:in ist neue:r Startspieler:in und deckt als erste:r wieder eine Karte von seinem / ihrem Stapel auf. Tauchen beim Wegnehmen gleicher Karten neue gleiche Karten auf, können auch diese mit einem „Vokabel-Schnapp“ genommen werden. Das Spiel endet, wenn alle Spieler:innen ihre zehn Karten aufgedeckt haben. Wer die meisten Karten geschnappt hat, gewinnt das Spiel.

Wurden alle Karten ohne „Vokabel-Schnapp“ ausgespielt, nehmen alle Spieler:innen ihre Karten wieder auf, mischen diese neu und es folgt eine neue Runde.

Hinweise

Die Vokabelkarten können von der Lehrkraft oder von den Schüler:innen selbst gestaltet werden. Mit Word oder einem Mediengestaltungsprogramm, wie z. B. Scribus oder Affinity Publisher, können Karten gestaltet und in entsprechender Anzahl für alle Schüler:innen ausgedruckt werden. Die einfachste Art, schnell Spielkarten für den einmaligen Einsatz zu erstellen, ist wie folgt: dreimal ein DIN-A4-Blatt mittig falten, an den Faltlinien schneiden. So erhält man acht Karten, die dann mit einem Stift beschriftet werden können.

Erhöhung des Schwierigkeitsgrads

- Statt der Wörter können Bilder oder Symbole auf die Karten gemalt oder gedruckt werden. Mit „Vokabel-Schnapp“ muss dann auch das Wort der gleichen Karte in der Fremdsprache laut gerufen werden.
- Beim Aufdecken der eigenen Karte wird das Wort der vom vorangehenden Spieler aufgedeckten Karte laut in der Fremdsprache gesagt.

Vokabel-Skat

Kompetenzbereich – Schwerpunkt:
Lesen

Spielkategorie:
Taktik- / Strategiespiel

Spieldauer:
ca. 10 Minuten

Sozialform:
Kleingruppen, jede:r gegen jede:n, kompetitiv

Material:
pro Kleingruppe 32 Vokabelkarten (oder zum Selbstbasteln: 4 weiße, nicht durchscheinende Blätter DIN-A4-Papier (>100 g/m²)

Beschreibung

Das Material besteht aus 32 Karten, die unterteilt sind in 4 x 8 Karten. Ein Set von acht Karten entspricht jeweils einer Wortart, also z. B. Nomen, Verben, Adjektive, Präpositionen. Den unterschiedlichen Wortarten wird jeweils eine Farbe zugeordnet, in der das Wort geschrieben ist, z. B. Nomen in Rot, Adjektive in Blau.

Die Klasse teilt sich in Kleingruppen von drei bis vier Spieler:innen auf. Ein:e Spieler:in mischt die 32 Karten.

Bei drei Spieler:innen erhält jede:r neun, bei vier Spieler:innen sieben Karten. Die übrigen Karten werden beiseitegelegt und in der Partie nicht mehr verwendet.

Der / Die Spieler:in links von dem / der Kartengebenden beginnt und legt eine Karte aus der eigenen Hand offen in die Mitte des Tischs.

Entscheidend ist nun zuerst die Wortart: Diese muss von den anderen Spieler:innen „bedient" werden. Das heißt, wenn sie eine Karte mit derselben Wortart auf der Hand haben, müssen sie diese spielen. Nur wenn sie keine Karte der Wortart haben, können sie irgendeine andere Karte in die Mitte legen.

So legen reihum im Uhrzeigersinn alle Spieler:innen eine Karte ab. Von den Karten der anfangs ausgespielten Wortart gewinnt die Karte mit dem längsten Wort – bei Gleichstand die Karte, die zuletzt in der Runde in die Mitte gelegt wurde. Wer die Gewinnerkarte gespielt hat, erhält nun alle Karten aus der Mitte und spielt von der eigenen Hand eine neue Karte in die Mitte.

Die gewonnenen (Stich-)Karten werden jeweils als Stapel vor die Spielenden abgelegt, die diese gewonnen haben. Wer am Ende der Partie die meisten Stapel bzw. Stiche vor sich liegen hat, hat das Spiel gewonnen.

Anschließend kann eine weitere Partie gespielt werden. Wer das Spiel eröffnet hat, mischt nun die Karte und gibt diese aus.

Hinweise

Die Sets können vorbereitet oder von den Schüler:innen mit Vokabeln aus den letzten Lektionen selbst gestaltet werden. Dazu werden die vier Blätter zweimal mittig gefaltet und dann an den Faltlinien auseinandergeschnitten. So entstehen acht einfache Spielkarten pro Blatt, die dann von den Schüler:innen mit den Vokabeln einseitig beschriftet werden.

Erhöhung des Schwierigkeitsgrads

- Wenn die Farbmarkierung auf den Karten weggelassen wird, müssen die Spieler:innen die jeweilige Wortart selbst erkennen.
- Ergänzende Regel: Beim Ausspielen einer Karte muss das Wort auf der Karte laut und korrekt vorgelesen werden. Bei falscher Aussprache bleibt die Karte liegen, zählt aber nicht.

Wörterauktion

Kompetenzbereich – Schwerpunkt:
Lesen

Spielkategorie:
Taktik- / Strategie-Spiel

Spieldauer:
ca. 20 Minuten

Sozialform:
in Kleingruppen jede:r gegen jede:n, kompetitiv

Material:
Zettel, Stifte, Schere, pro Gruppe:

- 1 Set mit 21 Wörterkarten (in 3 – 5 vorher festgelegten Kategorien, z. B. Wortfelder Obst, Sport, Haus. Oder Wortarten: Verben, Adjektive, Nomen)
- Spielgeld für jede:n Spieler:in – Scheine: 3 x 1 $, 3 x 2 $, 3 x 3 $ und 1 x 4 $

Beschreibung

Die Lehrkraft bereitet 21 Vokabelkarten vor und kopiert diese entsprechend der Anzahl der Kleingruppen in der Klasse. Die Wörter sollten ungefähr gleichmäßig jeweils einer Kategorie z. B. einem Thema oder einer Wortart zugeordnet sein. Die unterschiedlichen Kategorien werden farblich in der Schrift oder im Kartenhintergrund markiert (z. B. Nomen = blau, Verben = rot, Adjektive = grün).

Jede Gruppe erhält ein Set mit 21 Wörterkarten. Die Karten werden gemischt und als verdeckter Stapel bereitgelegt. Jede:r Spieler:in erhält eine Wortkarte, darf sich diese anschauen, zeigt sie aber den anderen nicht. Bei vier Schüler:innen werden zwei weitere Karten ungesehen beiseitegelegt. Sie werden nicht weiter benötigt.

Entsprechend der Spieler:innenzahl minus eins, also z. B. bei fünf Spielenden werden vier Karten vom Stapel gezogen und offen ausgelegt, bei vier Spieler:innen drei Karten. Ein:e Spieler:in wird zufällig als Startspieler:in bestimmt und legt einen Radiergummi oder Ähnliches vor sich aus.

Jede:r Spieler:in legt nun aus seinem Vorrat verdeckt einen oder mehrere Scheine Spielgeld vor sich aus, um ein Wort zu ersteigern. Gleichzeitig decken alle ihre gesetzten Scheine auf: Wer das meiste Geld einsetzt, darf als erste:r eine Karte auswählen. Wer den zweithöchsten Betrag einsetzt, darf als zweite:r wählen usw. Bei Gleichstand entscheidet die Spieler:innenreihenfolge im Uhrzeigersinn, ausgehend von der/dem Startspielenden.

Wer eine Karte nimmt, verliert das eingesetzte Geld. Dieses kommt aus dem Spiel. Wer keine Karte bekommt, nimmt sein / ihr eingesetztes Geld zurück und bekommt den Startspieler-Marker (Radiergummi). Anschließend werden die nächsten Karten aufgedeckt und es beginnt die nächste Runde. Es werden vier Runden gespielt. Das Spiel endet, wenn nicht mehr genug Karten aufgedeckt werden können.

Pro Karte erhält jede:r Spielende einen Punkt. Für Karten derselben Kategorie (dieselbe Wortart oder dasselbe Wortfeld) gibt es Zusatzpunkte: für zwei Karten einer Kategorie einen, für drei Karten drei, für vier Karten sieben. Wer die meisten Punkte hat, gewinnt.

Hinweise

Das Spielgeld können die Schüler:innen selbst vor dem Spiel schnell herstellen. Jede:r Schüler:in notiert 3 x 1 $, 3 x 2 $, 3 x 3 $ und 1 x 4 $ auf ein Blatt und schneidet diese als Münzen oder kleine Scheine aus. Jede:r Spieler:in hat also Spielgeld im Wert von 22 $.

Erhöhung des Schwierigkeitsgrads

Spielerisch ist es schwieriger, die Kategorie nicht farblich zu markieren. Die Schüler:innen müssen dann selbst die Zuordnung zur selben Wortkategorie erkennen.

Wort-Wirrwarr

Kompetenzbereich – Schwerpunkt:
Lesen, Sprechen, Hören

Spielkategorie:
Erkennen und Reagieren

Spieldauer:
ca. 10 Minuten

Sozialform:
in drei Kleingruppen, jede:r gegen jede:n, kompetitiv

Material:
1 weißes DIN-A4-Blatt pro Schüler:in

Beschreibung

Die Lehrkraft schreibt acht neue Vokabeln in einer Liste untereinander an die Tafel.

Jede:r Schüler:in erhält ein DIN-A4-Blatt, faltet dieses dreimal jeweils in der Mitte und zerschneidet es entlang der Faltlinien in acht Zettel. Anschließend notieren alle Schüler:innen die acht Wörter an der Tafel auf den Zetteln.

Die Klasse teilt sich in 3er-, 4er- oder 5er-Gruppen auf. Jede:r Schüler:in fügt die eigenen acht Zettel zu einem Stapel zusammen, mischt diesen und legt ihn als verdeckten Nachziehstapel vor sich auf den Tisch.

Ein:e Startspieler:in wird zufällig bestimmt. Im Uhrzeigersinn liest nun jede:r beginnend mit dem ersten Wort oben das jeweils nächste Wort von der Liste auf der Tafel laut vor, deckt gleichzeitig eine Karte vom eigenen Stapel auf und legt sie offen in die Tischmitte.

Sobald das Wort auf der aufgedeckten Karte und das vorgelesene Wort gleich sind, legen alle eine Hand so schnell wie möglich auf den Stapel der aufgedeckten Karten in der Mitte des Tischs. Wer seine Hand zuerst auf dem Stapel hat, erhält alle Karten des Stapels. Wer seine Hand hinlegt, obwohl Karte und Wort nicht übereinstimmen, muss drei seiner gewonnenen Karten abgeben. Sie kommen aus dem Spiel. Wer weniger gewonnene Karten vor sich liegen hat, gibt diese ab.

Wer Karten gewinnt oder abgibt, startet das Spiel neu mit dem ersten Wort aus der Liste an der Tafel.

Gibt es keine Übereinstimmung bis der Nachziehstapel leer ist, werden die Karten neu gemischt und die Gruppe startet noch einmal neu.

Das Spiel endet, wenn die Kartenstapel der Spielenden alle leer sind. Wer die meisten Karten hat, gewinnt das Spiel.

Hinweise

Möglich ist das Spiel auch in einer kooperativen Variante, in der die Gruppe gegen das Spiel antritt. Wird die Hand entsprechend der Regeln von einem / einer Spielenden auf den Stapel gelegt, bekommt die Gruppe die offen ausliegenden Karten als Siegpunkte. Macht jemand einen Fehler, indem er / sie z. B. das falsche Wort an der Tafel liest, die Hand fälschlicherweise auf den Stapel in der Mitte des Tischs legt oder vergisst, die eigene Karte aufzudecken, gehen die Karten in der Mitte an das Spiel. Wenn die Gruppe am Ende mehr Karten gesammelt hat als das Spiel, hat sie gewonnen.

Erhöhung des Schwierigkeitsgrads

- Statt die Wörter auf die Karten zu schreiben, werden Bilder auf die Zettel geklebt, die die acht Vokabeln illustrieren.
- Grundsätzlich gilt: Je schneller gespielt wird, desto schwieriger ist das Spiel.

Hör-Rallye

Kompetenzbereich – Schwerpunkt:
Hören / Schreiben

Spielkategorie:
Erkennen und Reagieren

Spieldauer:
abhängig von Länge des Hörtextes

Sozialform:
gesamte Klasse oder in Kleingruppen

Material:
Audiodatei, Abspielgerät und Lautsprecher, ggf. für Kleingruppen jeweils eigene Geräte

Beschreibung

Zunächst ist ein passender Hörtext auszuwählen. Dieser kann aus den Audio-Materialien des Schulbuchs stammen oder online gesucht werden. Geeignet sind kurze Geschichten, Podcasts, Nachrichten oder Dialoge.

Vorab werden die zentralen Themen des Hörtextes identifiziert und als orientierende zentrale Begriffe den Schüler:innen zur Verfügung gestellt, z. B. ein Gespräch zwischen zwei Personen über

1) das Wetter,
2) Fußball und
3) Wochenendaktivitäten.

Beim Hören ist es nun die Aufgabe, möglichst viele Wörter herauszuhören und diese den vorab mitgeteilten Themen richtig zuzuordnen.
Wer die meisten Wörter richtig herausgehört und aufgeschrieben hat, gewinnt.

Anschließend können die notierten Wörter genutzt werden, um den Hörtext mündlich oder schriftlich nach einem zweiten Hören zusammenzufassen.

Hinweise

- Bei Hörtexten aus dem Internet kann es zur Vorbereitung hilfreich sein, diese mit einer entsprechenden Anwendung in Text transkribieren zu lassen. Das geht mit zahlreichen Programmen und Apps für sehr viele Sprachen.
- Im Sinne der Binnendifferenzierung können auch Kleingruppen gebildet werden, in denen je ein:e Schüler:in sich nur auf eines der Themen des Hörtextes konzentriert und dazu die Vokabeln aufschreibt.
- Wenn die Schüler:innen eigene Geräte, Handys oder Tablets haben, kann das Hören auch in Kleingruppen oder individuell mit Kopfhörern erfolgen. Bei Kleingruppen ist darauf zu achten, dass die Lautstärke im Raum nicht zu groß wird.
- Das Spielprinzip kann auch umgedreht werden: Vorab werden Thema und Kontext genannt und die Schüler:innen antizipieren fünf Wörter, von denen sie vermuten, dass sie im Text vorkommen. Sie erhalten Punkte, wenn die Wörter tatsächlich im Hörtext vorkommen: fünf, wenn auch andere das Wort notiert haben, zehn Punkte, wenn sie dieses als Einzige:r notiert haben. Dabei können die zu antizipierenden Wörter auch passend zum Unterricht näher bestimmt werden, z. B. nur Adjektive, nur Verben oder nur Fahrzeuge oder Ähnliches.

Erhöhung des Schwierigkeitsgrads

- Die Schwierigkeit steigert sich mit der Komplexität der Hörtexte – sowohl sprachlich als auch insbesondere was die Struktur angeht, wenn die identifizierten Themen nicht nur linear aufeinander folgen, sondern diese an verschiedenen Stellen wiederholt aufgegriffen werden.
- Der Hörauftrag kann sich statt auf einzelne Wörter auch auf Satzstrukturen oder Grammatikphänomene richten – auch dies ist deutlich herausfordernder als das Heraushören einzelner Wörter.

Kategorien-Klatsch

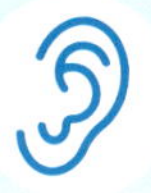

Kompetenzbereich – Schwerpunkt:
Hören

Spielkategorie:
Erkennen und Reagieren

Spieldauer:
ca. 10 Minuten

Sozialform:
in Kleingruppen, jede:r gegen jede:n, kompetitiv

Material:
pro Gruppe 4 Farbfelder (siehe Download-Material: Wortschatz-Twister)

Beschreibung

Die Schüler:innen spielen in Gruppen von drei bis sechs Personen. Jede Gruppe erhält vier Farbfelder, die aneinander liegend mittig als Quadrat und für alle gleich gut erreichbar auf den Tisch gelegt werden.

Auf jedes Farbfeld wird ein Wortfeld oder Themenbereich notiert, z. B. Obst, Gemüse, Schule, Berufe oder auch Verb, Nomen, Adjektiv, Adverb.

Alle Kleingruppen spielen gleichzeitig. Ein:e Spielleiter:in, die Lehrkraft oder Schüler:innen lesen ein Wort laut vor. Dieses Wort lässt sich eindeutig einer der vier Kategorien zuordnen.

Die Schüler:innen in allen Kleingruppen versuchen, so schnell wie möglich ihre Hand auf das richtige Farbfeld zu legen. Wer die Hand zuerst dort liegen hat, erhält einen Punkt.

Nach einer vorher festgelegten Zeit oder Anzahl von Runden endet das Spiel. In jeder Kleingruppe gewinnt, wer die meisten Punkte hat.

Hinweise

Am besten werden die Farbfelder laminiert und mit abwischbarem Stift beschrieben. Es ist sinnvoll, vorher eine Liste möglicher Wörter für die Spielleitung festzulegen, z. B. ein bestimmter Bereich der Vokabellisten hinten im Buch.

Erhöhung des Schwierigkeitsgrads

- Es wird ein ganzer Satz vorgelesen, der eindeutig einem der Bereiche zuzuordnen ist.
- Von der Spielleitung wird eine Kategorie oder eine Farbe genannt. Wer zuerst seine Hand auf dem entsprechenden Feld hat, muss nun ein passendes Wort laut sagen. Ist das Wort richtig, gibt es einen Punkt. Innerhalb eines Spiels darf dasselbe Wort – auch von anderen Spieler:innen – nicht nochmal genannt werden.
- Es können auch sechs oder acht Farben / Kategorien vorgegeben werden. Dies macht das Spiel nochmal schwerer.
- Alternative ohne Spielleitung: Es wird in den Kleingruppen gespielt. Zufällig wird bestimmt, wer beginnt und ein Wort laut sagt. Wer das Wort zuerst richtig zuordnet, sagt als nächste:r ein Wort. Wer das Wort sagt, darf seine Hand selbst nicht auf eine der Farbflächen legen. So wechseln die Rollen im Laufe des Spiels und die Lernenden üben auch die Aussprache der Wörter.

Vokabel-Vibes

Kompetenzbereich – Schwerpunkt:
Hören

Spielkategorie:
Erkennen und Reagieren

Spieldauer:
ca. 10 – 15 Minuten

Sozialform:
gesamte Klasse, kooperativ oder kompetitiv

Material:
digitales Endgerät mit Internetzugang, Lautsprecher, pro Schüler:in 1 Zettel und 1 Stift

Beschreibung

Zur Vorbereitung sucht die Lehrkraft ein Lied, das zum Thema des Unterrichts passt, z. B. auf Spotify oder YouTube. Sucht man z. B. mit den Wörtern „Haus, Hund, Katze“, findet man unter den ersten zehn Treffern das Lied „Mein Haustier“ der deutschen Band „Deine Freunde“, in dem ganz viele Namen von Tieren vorkommen.

Variante 1: Die Schüler:innen notieren jeweils eine passende Vokabel auf einem Zettel. Jede:r Schüler:in erhält einen oder zwei Zettel (alternativ geht das auch mit Bildkarten). Gemeinsam wird das Lied gehört, und die Schüler:innen halten ihre Karte kurz hoch, wenn das Wort im Lied vorkommt. Gegebenenfalls hören alle das Lied ein zweites Mal: Wenn weitgehend alle ihren Einsatz finden, ist es gelungen.

Variante 2: Die Schüler:innen bekommen den Titel des Lieds genannt. Sie zeichnen, je nach Sprachniveau und Umfang des Wortschatzes, ein Raster von 3 x 3 oder 4 x 4 Kästchen. In jedes Kästchen schreiben sie ein Wort, von dem sie aufgrund des Titels vermuten, dass es im Lied vorkommt. Bei dem Lied „Calles de

Madrid" (dt. Straßen von Madrid) etwa: Häuser, gehen, Menschen, Bäume etc. Wer zuerst eine Reihe mit drei bzw. vier Wörtern angekreuzt hat, gewinnt das Spiel.

Eventuell kann das Lied vorher einmal gehört werden. Aus der Erinnerung werden dann neun bzw. sechzehn Worte aufgeschrieben. Die Schüler:innen hören das Lied ein zweites Mal und spielen diese Bingo-Variante wie oben beschrieben. Zur Sicherung kann das Lied ein weiteres Mal gehört werden mit Einblendung des Liedtextes, um zu prüfen, ob die angekreuzten Wörter tatsächlich vorkommen.

Variante 3: Die Schüler:innen schreiben in Kleingruppen von drei bis vier Personen die Wörter auf, die sie aufgrund des Titels vermuten. Sie legen alle Wortzettel offen auf den Tisch und sammeln gemeinsam beim Hören die Wörter, die sie gehört haben, auf einen Stapel. Die Gruppe innerhalb der Klasse, die die meisten Wörter richtig vermutet und herausgehört hat, gewinnt.

Hinweise

- Lernen mit Liedern soll Spaß machen. Deshalb ist es wichtig, altersgemäß motivierende oder interessante Songs auszuwählen, die auch zum Sprachniveau passen.
- Gemeinsam mit den Schüler:innen kann auch eine gemeinsame Playlist mit Liedern zu einem Thema: Liebe, Reise, Madrid, Paris usw. zusammengestellt werden. Mögliche Erweiterung: Jede:r Schüler:in fügt ein Lied hinzu und erzählt kurz, warum er / sie gerade dieses Lied für die Liste ausgewählt hat.

Erhöhung des Schwierigkeitsgrads

- Mit den Wörtern aus dem Spiel geben die Schüler:innen die Geschichte des Songs mit eigenen Worten wieder und versuchen, dabei so viele Vokabeln wie möglich aus dem Song zu verwenden.

Schwierigkeitsgrad Klassenspiele

		Vorbereitung / Erklärung (LuL)	Komplexität / Herausforderung (SuS)
S. 13	Becher-Wurf-Duell	*	*
S. 15	Bild-Detektive	**	**
S. 17	Bildersuche	*	*
S. 19	Errate	*	**/***
S. 21	Geheimnisverrat	*	*
S. 23	Maze Mission	**	**
S. 25	Paar-Satz-Rally	*	**
S. 27	Satz-Slam	**	**
S. 29	Slide-Surprise	**	***
S. 31	Stafetten-Wörterlauf	**	*
S. 33	Strich-Strich	*	*
S. 35	Vokabel-Versum	**	**
S. 37	Wortschatz-Twister	***	**
S. 39	Würfel-Wörter-Duell	**	*
S. 41	Buchstabier-Duell	**	**
S. 43	1-Minute-Würfel	*	*
S. 45	Hoher Wörter-Turm	*	*
S. 47	Königreich der Wörter	***	***
S. 49	Mein liebstes Monster	**	**

		Vorbereitung / Erklärung (LuL)	Komplexität / Herausforderung (SuS)
S. 51	Rasende Würfel	*	*
S. 53	Schneeballschlacht	**	*
S. 55	Vocab-Mentor	*	*
S. 57	Wortmeister	*	**
S. 59	Wort-Skulpturen	***	**
S. 61	Zauberwort-Pfad	***	***
S. 63	Geheimbotschaften	**	**
S. 65	Geheime Wörter	**	**
S. 67	Pyramiden-Puzzle	**	***
S. 69	Schlangenwörter	**	**
S. 71	Schnipseljagd	**	*
S. 73	Vokabelschnapp	**	**
S. 75	Vokabel-Skat	***	***
S. 77	Wörterauktion	***	***
S. 79	Wort-Wirrwarr	**	**
S. 81	Hör-Rallye	***	**
S. 83	Kategorien-Klatsch	**	*
S. 85	Vokabel-Vibes	**	**

Unter **www.friedrich-verlag.de** finden Sie Materialien zum Buch als Download.
Bitte geben Sie den achtstelligen Downloadcode in das Suchfeld ein.

DOWNLOAD-CODE: **d31796kw**

Hinweis:

Das Downloadmaterial enthält Materialien, die Sie beim Einsatz der Spiele unterstützen.

Als Käufer des Buches (ISBN 978-3-7727-1796-3) sind Sie zum Download dieser Datei berechtigt. Weder die gesamte Datei noch einzelne Teile daraus dürfen ohne Einwilligung des Verlages an Dritte weitergegeben oder in ein Netzwerk gestellt werden. Dies gilt auch für Intranets von Schulen und sonstigen Bildungseinrichtungen.

Der Verlag behält sich vor, gegen urheberrechtliche Verstöße vorzugehen.

Haben Sie Fragen zum Download? Dann wenden Sie sich bitte an den Leserservice der Friedrich Verlags GmbH.
Schreiben Sie uns oder rufen Sie uns an!

Sie erreichen unseren Leserservice
Montag bis Donnerstag von 8 – 18 Uhr
Freitag von 8 – 14 Uhr
Tel.: 0511/40 004 -150
Fax: 0511/40 004 -170
E-Mail: *leserservice@friedrich-verlag.de*
Wir freuen uns über Ihre Rückmeldung und helfen Ihnen gerne weiter!